掌尚文化

Culture is Future

尚文化・掌天下

RESEARCH ON ANNUITIZATION OF PERSONAL ASSETS AND ITS INFLUENCING FACTORS

个人资产年金化及其影响因素研究

郭金龙　裴宝刚——著

图书在版编目（CIP）数据

个人资产年金化及其影响因素研究 / 郭金龙，裴宝刚著. -- 北京 ：经济管理出版社，2024. -- ISBN 978-7-5096-9904-1

Ⅰ. F832.21

中国国家版本馆 CIP 数据核字第 2024N4C765 号

组稿编辑：宋　娜
责任编辑：宋　娜
责任印制：张莉琼
责任校对：蔡晓臻

出版发行：经济管理出版社
（北京市海淀区北蜂窝 8 号中雅大厦 A 座 11 层　100038）
网　　址：www. E-mp. com. cn
电　　话：（010）51915602
印　　刷：唐山玺诚印务有限公司
经　　销：新华书店
开　　本：720mm×1000mm/16
印　　张：12.75
字　　数：185 千字
版　　次：2024 年 10 月第 1 版　　2024 年 10 月第 1 次印刷
书　　号：ISBN 978-7-5096-9904-1
定　　价：98.00 元

前 言

随着经济和社会的发展，人口老龄化问题在全球范围得到高度重视。我国是世界上人口最多的国家，且人口老龄化趋势明显。2022 年，国家卫生健康委员会、全国老龄工作委员会办公室发布的《2021 年度国家老龄事业发展公报》显示，截至 2021 年底，我国 65 岁及以上人口占全国总人口的比例超过 14%，这标志着我国已经进入深度老龄化社会。同时，我国人口老龄化还表现出人口老龄化程度深、人口老龄化速度快、老龄人口总量大、城乡人口老龄化发展倒置、未富先老等特点，这不仅对我国的经济发展造成深刻影响，也对养老金体系等构成了巨大压力。

党的十八大以来，党和国家不断完善多层次、多支柱的养老保障体系，我国的养老保险覆盖范围不断扩大，建立起统一的城乡居民养老保险制度，养老金融体系建设取得显著成就，基本形成了制度体系完善、产品服务多元的养老金融体系。党的二十大报告提出："实施积极应对人口老龄化国家战略，发展养老事业和养老产业，优化孤寡老人服务，推动实现全体老年人享有基本养老服务。"2023 年 10 月召开的中央金融工作会议指出，"坚定不移走中国特色金融发展之路，推动我国金融高质量发展"，"做好科技金融、绿色金融、普惠金融、养老金融、数字金融五篇大文章"，这是首次在中央层面明确提出"养老金融"的概念。金融具有资金融通、资源配置功能，不仅能够为养老产业提供资金支持，对养老金资产进行投资管理，更重要的是能利用多样化的金融工具，实现养老资源的跨时间和跨空间配置。从理论上来说，养老金融是养老资源的跨时空配置机制，其主要功能是应对和管理由人口老龄化带来的长寿风险。养老金融应该包括社会机构针对老年人的需求及公众的养老需求开展的金融服务活动，具体包括金融机构开发的各种养老金融产品、金融机构为老年人和养老产业发展提供的各类金融服务。

2023 年召开的中央金融工作会议首次在中央层面明确提出了养老金融的概念，要求金融系统“做好养老金融大文章”，这不仅意味着金融可以在养老问题上发挥关键作用，而且要求金融业今后要以服务与养老相关的各种金融需求为工作重点。养老金融这一概念具有鲜明的中国特色。由于发达国家的老龄化进程相对缓慢，金融市场相对完善，其衍生出的养老金融理论与实践仅关注养老金金融（Pension Finance），主要针对制度化手段积累的养老金资产的配置理论。在相对完善的金融市场下，金融在跨时间、跨空间方面的资源优化配置功能可以满足包括养老在内的任何资源配置需求，因而并未在金融市场的相关领域衍生出养老金融的概念。相对而言，我国养老金融概念的内涵包括为了应对人口老龄化挑战，围绕社会成员的各种养老需求所进行的金融活动，并且更多地侧重于金融市场。这主要是由我国人口老龄化速度快、未富先老、金融市场发展水平不高等因素导致的。

在养老金体系方面，经过多年的发展，我国已经建立了覆盖大多数国民的，以社会统筹和个人账户相结合的基本养老保险体系为主体，由多支柱构成的养老金体系，是世界上覆盖人群最大的养老金体系。但面对人口老龄化及其带来的长寿风险，我国养老金体系还存在养老金储备总量不足、养老金结构失衡、养老金替代率下降、城乡保障水平差距大等问题。我国政府高度重视人口老龄化及相关问题，为了积极应对人口老龄化，政府出台了一系列政策和措施，推动我国建立并完善多层次、多支柱的养老金体系。近年来，重点推动第三支柱个人养老金的发展，强调个人养老金的作用。2022 年 4 月，国务院办公厅印发了《关于推动个人养老金发展的意见》；同年 11 月，人力资源和社会保障部、财政部等五部门联合印发了《个人养老金实施办法》；随后，多项配套措施陆续出台，包括个人养老金个税优惠政策及金融监管部门出台的相关配套业务规定，通过设立个人账户并辅以税收优惠政策，激励居民参与个人账户缴费，当前对于个人账户缴费上限设定为每人每年 12000 元。人力资源和社会保障部数据显示，截至 2023 年 6 月末，全国 36 个先行城市（地区）开立个人养老金账户人数达 4030 万人。2022 年确立的个人养老金制度，加上之前不断完善和发展壮大的第一支柱社会基本养老保险制度和第二支柱企业年金及职业年金制度，标志着我国三支柱的养老保险制度化体系的建立。我国三支柱养老金体系基本形成，从而奠定了我国养老金融体系的重要基础。2023 年 9 月，国家金融监管总局开展的个人税收递延型商业养老保险试点与个人养老金衔接工作，标志着 2018 年 5 月开始探索的税收递延型商业养老保险正式退出历史舞台，以个人账户养老金、企业年金及职业年金、基本养老保险三支柱为主体的养老保险制度体系正式确立。

《2022 年中国家庭金融调查报告》显示，截至 2022 年 8 月，中国家庭平均资产为 121.69 万元，城市家庭平均资产为 247.60 万元，农村家庭平均资产为 37.70 万元。家庭年均可支配收入均值是 51569 元，其中城市为 70876 元，农村为 22278 元。2021 年，中国实物资产占总财富比重高达 69.3%，主要表现为房地产，全国住房市值达到 476 万亿元；在金融资产中，现金和存款的占比达 53%，权益资产和公募基金占比约为 19%。根据中国人民银行公布的数据，2023 年 2 月，我国居民存款余额已经达到了 126 万亿元，这一数额可谓非常庞大。房地产在我国居民财富中占比极高，反映出房产在我国家庭财富中的重要性及家庭对房产的依赖。房产占比份额大、周转周期长、负债压力大已经成为我国家庭资产的特征。从资产配置的角度来看，这种现象并不健康，因为不动产的流动性差，当家庭出现大额资金需求时，很难在短时间变现，快速解决资金需求。一旦出现房价下跌、房产贬值，便会直接让家庭财产蒙受损失，也可能增加个人住房贷款的风险。在我国人口老龄化日益严重的情况下，这样的家庭资产结构亟须逐步通过资产年金化的方式进行优化，以积累更充足的养老资产应对日益严重的老龄化挑战。因此，系统研究我国个人资产年金化问题具有重要的社会意义和理论价值。

本书运用理论研究和实证研究等方法，系统地论述了我国个人资产年金化及其影响因素。首先，在梳理个人资产年金化相关基础理论和文献的基础上，从中国人口老龄化、社会保障体系及个人资产年金化的现状和问题出发，基于生命周期理论和积极老龄化框架，建立了以终生效用最大化为目标函数的理论模型。其次，将个人资产年金化的理论研究分解为最优年金化率和最优年金化时间两个子问题，结合我国实际情况和国内外相关文献对模型中的相关变量和参数赋值，使用 MATLAB 将人工智能算法应用于数值解的求解，得到多种情景下的最优年金化率和最优年金化时间，并从理论角度分析了最优年金化率和最优年金化时间的影响因素。最后，基于现状研究和理论研究，利用最新的 CHARLS 调研数据，对健康因素和社会保障因素对年金化水平的影响进行了实证研究，并得到了以下结论：

针对最优年金化率的理论研究结果显示，为了实现终生效用最大化，居民应该在退休后将相当大比例的个人资产年金化，从而有效对抗长寿风险。最优年金化率与初始财富强相关，最优年金化率随着初始财富的增加迅速提高，当初始财富达到一定水平时，最优年金化率收敛于 80%~90%。通过与我国当前极低的年金化水平相比，说明在我国也存在“年金谜题”现象。此外，通过调整变量和参数的数值，本书讨论了最优年金化率的影响因素。健康状况通过影响生存概率、医疗费用支出、退休劳动供给等因素，对最优年金化率有综合且显著的正向影响；遗产效用系数和风险资产收益率对最优年金化率有负向影响；风险厌恶系数、主观贴现因子对最优年金化率有正向作用。

从积极应对人口老龄化的视角来看，本书在实证研究部分重点研究健康状态和社会保障因素对年金化水平的影响。健康状态包括主观健康状态和客观健康状态，健康状态对年金化水平影响的实证研究结果显示，主观健康状态对年金化水平有综合且显著的正向影响，客观健康状态对年金化水平的影响不显著，这也说明了居民在配置年金时存在非理性行为。从异质性分析结果来看，主观健康状态在老年组、城镇组和低经济发展水平组的影响系数绝对值更大，且更加显著。社会保障包括社会养老保障和社会医疗保障，社会保障对年金化水平影响的实证研究结果显示，社会基本养老保险对年金化水平有显著的负向影响，社会医疗保障因素对年金化水平有显著的正向影响。同时，社会保障因素对年金化水平的影响表现出明显的城乡差距。在农村组，社会基本养老保障和社会基本医疗保障的影响系数均不显著。这说明，我国社会保障水平存在着较大的城乡差距，农村的基本养老保障和基本医疗保障水平较低，对年金参与率的影响不显著。

针对最优年金化时间的理论研究结果显示，为了实现终生效用最大化，退休后立即年金化并不是最优的，最优年金化时间与初始财富强相关，随着初始财富的增加，最优年金化时间呈现“U”形。以基准情景为例（60岁退休的男性），在较低初始财富阶段（0~100万元），最优年金化时间呈现由高到低的下降趋势（平均值为66.2岁）；在中等初始财富阶段（100万~200万元），最优年金化时间保持在较低水平（平均值为62.65岁）；在较高初始财富阶段（200万~300万元），最优年金化时间迅速上升，并保持在较高水平（平均值为66.8岁）。健康状况、社会保障水平、退休劳动收入对最优年金化时间有显著的影响。其中，健康状况通过影响生存概率、医疗费用支出、退休劳动供给等因素，对最优年金化时间有综合且显著的正向影响。社会养老保障水平对最优年金化时间有负向影响。遗产效用系数、主观贴现因子、风险资产收益率对最优年金化时间有正向影响，风险厌恶系数、年金化率水平对最优年金化时间有负向影响。

最后，本书从政策制定者、供给侧、需求侧等角度给出了相关建议。

由于近年来我国学术界对养老金融的问题关注较多，而个人资产年金化问题受到的关注较少，相关研究成果较少，研究难度较大。因此，书中难免存在一些不足和需要完善之处，恳请读者批评指正。我们将在今后的研究工作中进一步补充和完善。

在本书的出版过程中，经济管理出版社的宋娜老师做了大量的工作，特此表示感谢。

目　录

第一章　绪论

第一节　研究背景与研究意义

一、研究背景

我国人口老龄化趋势非常严峻。根据国家统计局公布的第七次全国人口普查数据，我国60岁及以上人口占总人口的比例为18.7%，65岁及以上人口占总人口的比例为13.5%①，老龄化程度进一步加深。同时，我国也是老龄化速度最快的国家之一，联合国发布的《世界人口展望》（2017年修订版）预测，2060年中国65岁以上人口比例将超过30%。考虑到中国庞大的人口基数，届时中国将成为世界上老龄化程度最高、老龄人口数量最多的国家之一。这对中国的社会、经济，尤其是养老体系带来了巨大的挑战。

① 第七次全国人口普查的发布时间是2021年，数据截止时间是2020年11月1日零时。

我国已经建立了覆盖大多数居民的养老金体系和医疗保障体系，取得了长足的发展。但仍存在总量不足、结构不均衡、城乡差距巨大等诸多问题。以养老金体系为例，2019 年中国社会科学院世界社保研究中心发布了《中国养老金精算报告 2019—2050》，该报告预测，我国现行制度的养老金将在 2028 年出现收不抵支，并将在 2035 年耗尽。我国养老金结构发展不均衡，第一支柱的占比超过 70%，第二支柱发展不足，第三支柱还处于起步阶段，规模总量和覆盖率均极低。从养老金领域和养老资产配置的角度来看，我国个人资产年金化还处于发展的起步阶段，存在总体规模小、养老年金产品不足、配套制度不完善等问题。面对上述问题，我国政府高度重视人口老龄化及相关问题，强调要推进实施积极应对人口老龄化国家战略。

（一）我国人口老龄化的现状和存在的问题

人口老龄化是当社会经济发展到一定程度时，死亡率和出生率均会下降，由此带来的人口结构的趋势性变化。人口老龄化给经济和社会多个方面带来诸多影响。人口老龄化是全球趋势，在发达国家和地区表现得更为明显。目前，全球老龄化出现最早的国家和地区包括亚洲的日本，以及欧洲的意大利、葡萄牙、德国等。中国是发展中国家，从 2000 年进入老龄化社会，到 2021 年进入深度老龄化社会，与传统发达经济体的人口老龄化不同，中国的人口老龄化进程表现出老龄化程度深、老龄化速度快、老龄人口总量大、城乡人口老龄化倒置、未富先老等特点。

1. 人口老龄化程度深

国际上认定人口老龄化程度有两个维度：①1956 年联合国《人口老龄化及其社会经济后果》确定的划分标准。当一个国家或地区 65 岁及以上老年人口数量占总人口的比例超过 7%时，意味着这个国家或地区进入老龄化社会。②1982 年维也纳老龄问题世界大会确定的划分标准。当一个国家或地区 60 岁及以上老年人口数量占总人口的比例超过 10%时，意味着这个国家或地区进入老龄化社会。当一个国家或地区 65 岁及以上老年人口数量占总人口的比例超过 14%时，意味着这个国家或地区进入深度老龄化；当一个国家或地区 65 岁及以上老年人口数量占总人口的比例超过 20%时，则意味着这个国家或地区进入超级深度老龄化。

《中国统计年鉴 2001》显示，截至 2000 年底，我国 65 岁及以上人口占总人口的比例为 7%，正式进入老龄化社会；2021 年末，我国 60 岁及以上人口占总人口的比例为 18. 9%，65 岁及以上人口占总人口的比例为 14. 2%，达到深度老龄化的标准（见图 1-1）。未来，我国人口老龄化进程将不断加快，老龄化趋势已经形成。在人口结构发生变化的同时，人口总量增长趋势也发生了转变，我国人口在 2022 年出现了 61 年来的首次负增长，这与中国人民大学人口与发展研究中心陈卫（2022）的预测一致。

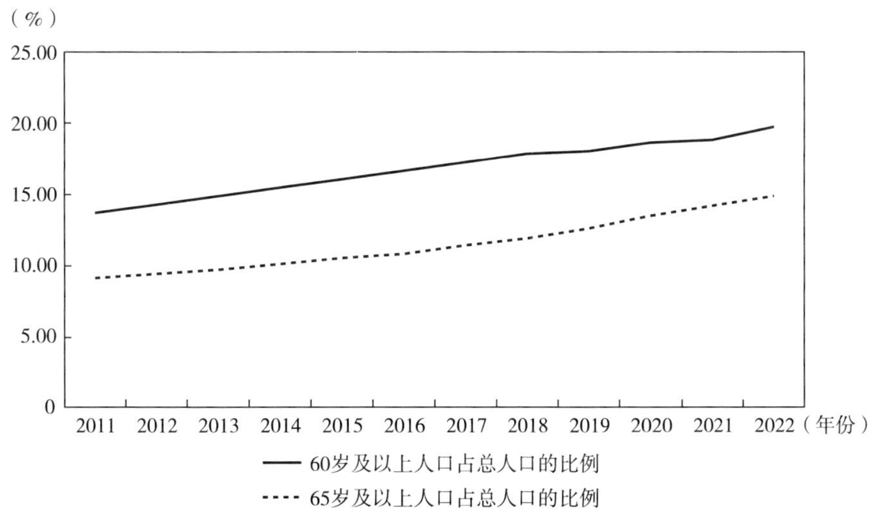

图 1-1　2011—2022 年我国人口老龄化比例

资料来源：国家统计局。

2. 人口老龄化速度快

我国人口老龄化发展的另一特点是老龄化发展速度快，且未来 30 年仍处在快速老龄化的阶段。以 65 岁及以上人口占比为指标，我国于 2000 年人口老龄化率达到 7%，进入老龄化社会，于 2021 年人口老龄化率达到 14%，进入深度老龄化社会，共用时为 21 年。与世界发达国家或地区的情况相比，我国的人口老龄化速度非常快。从老龄化到深度老龄化，法国用了 126 年（1864—1990 年）、英国用了 46 年（1929—1975 年）、德国用了 40 年（1932—1972 年）、日本用了 24 年（1971—1995 年）。

未来，中国人口老龄化程度将持续深化。陈卫（2022）以第七次全国人口普查数据为基础，使用布拉斯相关生育模型（Brass Relational Fertility Model）得到高、中、低三档生育率情况（分别为 1.85、1.45、1.05），对中国未来近 80 年（到 2100 年）的人口结构进行了预测。预计，在中档生育率情况下，在 2031 年，中国 65 岁及以上人口占比将达到 20.15%，步入超级深度老龄化社会，即中国从中级深度老龄化社会到超级深度老龄化社会的时间预计仅需要近 10 年；而这一过程，法国用了 28 年（1990—2018 年），德国用了 36 年（1972—2008 年），日本用了 11 年（1995—2006 年）。2050 年，中国 65 岁及以上人口比例将超过 30%（见图 1-2），这比联合国发布的《世界人口展望》（2017 年修订版）预测的中国 65 岁及以上人口比例将超过 30%的时间整整提前了 10 年。

3. 老龄人口总量大

由于我国长期以来都是全球人口总数最多的国家，随着我国人口老龄化程度的加深，我国老龄人口占比不断上升，老龄人口的总量也逐年攀升。2021 年底，我国 60 岁及以上人口数量达到 2.67 亿人，其中 65 岁及以上人口数量超过 2 亿人。预计到 2055 年，我国 60 岁及以上人口数量将达到 5.2 亿人，其中 65 岁及以上人口数量将达到 4.3 亿人（见图 1-3）。我国的老年人口数量占世界老年人口总数量的比例最高，即我国拥有世界上最大的老年人群体。

图 1-2　中国老龄人口占比预测

资料来源：陈卫（2022）。

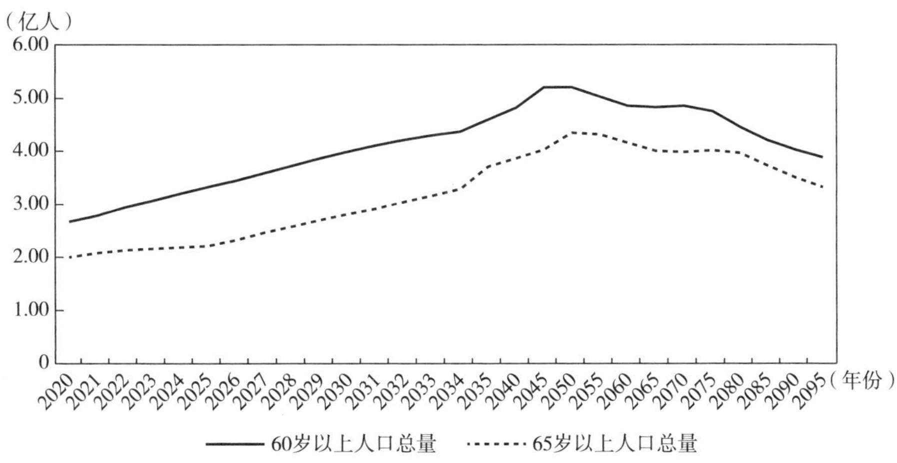

图 1-3　中国老龄人口总量预测

资料来源：陈卫（2022）。

4. 城乡人口老龄化倒置

我国人口老龄化程度还表现出明显的城乡差距。我国城市的经济发展水平高于农村，但农村的年轻人口流出严重，造成我国农村的人口老龄化程度高于城市。第七次全国人口普查数据显示，我国农村 60 岁、65 岁及以上老人的比重分别为 23.81%、17.72%，比城镇分别高出 7.99 个、6.61 个百分点。

5. 未富先老

与发达国家的情况不同，我国目前仍处于社会主义初级阶段，虽然总体经济体量较大，2021 年 GDP 达到 17.7 万亿美元，但人均 GDP 仅为 1.25 万美元，世界排名第 60 位，人均 GDP 刚刚达到世界平均水平。我国的人口老龄化程度却已经超过了世界平均水平。

世界发达经济体，一般在经济发展到一定水平后才进入人口老龄化阶段，此时已经积累了相应的物质财富来应对人口老龄化。目前，我国的经济发展水平和社会保障水平尚未做好应对深度人口老龄化的物质财富准备和保障制度准备。

（二）我国养老保险体系和基本医疗保险体系的现状和存在的问题

改革开放以来，我国建立了较为完整的养老保险体系和医疗保险体系，取得了长足发展。其中，我国基本养老保险体系覆盖全国约 10 亿人口，参保率达到 90%，是世界上覆盖人群最大的基本养老保险体系。我国也已经建成基本覆盖全国超 13 亿人、参保率稳定在 95%以上的基本医疗保险体系。但我国养老保险体系和基本医疗保险体系还存在保障水平较低、城乡结构失衡等问题。

1. 我国养老保险体系的现状和存在的问题

我国养老保险体系建设起步较晚，从 20 世纪 90 年代开始，经过 30 多年的建设，我国基本建成了由基本养老保险、企业年金、个人养老储蓄组成的，社会统筹和个人账户相结合的，多层次、多支柱的养老保险体系

（见表 1-1）。《中国养老金发展报告 2021》显示，到 2021 年，我国养老金储备总量达到了 13 万亿元。其中，基本养老保险覆盖了全国约 10 亿人口，参保率超过了 90%。

表 1-1　中国养老金体系的框架及特征

层次	类别	制度形式	参与对象	参与方式	缴费方式	待遇计发
第一支柱（公共养老金）	城镇企业职工基本养老保险	社会统筹+个人账户	城镇企业职工	强制	单位缴费+个人缴费	基础养老金+个人账户养老金
	机关事业单位基本养老保险	社会统筹+个人账户	机关事业单位工作人员	强制	单位缴费+个人缴费	基础养老金+个人账户养老金
	城乡居民基本养老保险	社会统筹+个人账户	城乡居民	政策鼓励	个人缴费+集体补助+政府补贴	基础养老金+个人账户养老金
第二支柱（职业养老金）	企业年金	个人账户	城镇企业职工	自主	单位缴费+个人缴费	个人账户养老金
	职业年金	个人账户	机关事业单位职工	自主	单位缴费+个人缴费	个人账户养老金
第三支柱（个人养老金）	个人税收递延型商业养老保险	个人账户	经济活动人口	自愿	个人缴费+税收优惠	个人账户养老金

资料来源：董克用等（2020）。

由于发展时间较短，经济发展水平不足，在面对严重的人口老龄化现实情况下，目前我国养老保障体系还存在诸多问题，如养老金总量不足、养老金结构失衡、养老金替代率下降等。

（1）养老金总量不足。从总量规模来看，2021 年，我国养老金储备总量达到了 13 万亿元，但我国养老金规模占 GDP 的比例仅为 11.4%，这一比例与发达国家仍有很大的差距。从人均规模来看，我国人均养老金储备规模仅为 9200 元，说明我国养老金储备严重不足。

2019年，中国社会科学院世界社保研究中心发布了《中国养老金精算报告2019—2050》，该报告预测，我国现行制度的养老金将在2028年出现收不抵支，将在2035年耗尽，而推行延迟退休仅可以将养老金耗尽的时间推后7年，即在2042年耗尽。

（2）养老金结构失衡。从结构来看，我国养老金结构发展不均衡，其中第一支柱占比超过70%，第二支柱、第三支柱发展不足。虽然第二支柱的总量规模占比已经超过20%，但企业年金和职业年金覆盖的人群规模有限，近年来的增长速度放缓；而第三支柱还处于起步阶段，总量极低，覆盖人群很少。

我国养老金结构中最重要的第一支柱也面临财务不可持续的风险。从结构来看，我国第一支柱基本养老保险制度采取的是现收现付制（社会统筹）与完全积累制（个人账户）相结合的模式，但是考虑到个人账户的空账问题，实际上我国基本养老保险采取的是现收现付制（董克用等，2020）。随着我国人口老龄化程度的不断加深，我国第一支柱养老金将面临巨大的财政负担和财务不可持续的风险。

（3）养老金替代率下降。首先，城镇养老金替代率逐步下降。2010年以来，我国第一支柱城镇职工养老金替代率已下降至45%左右，低于国际劳动组织公约划定的55%的养老金替代率警戒线。自2019年5月1日起，我国城镇职工基本养老保险单位缴费率降至16%，在其他条件不变的情况下，我国城镇职工养老金替代率将进一步下降（贾洪波，2021）。其次，我国农村养老保险制度起步较晚，整体替代率水平仍很低。

（4）灵活就业造成的实际参保不足。随着社会经济的发展，我国产生了大量的灵活就业人口，如农民工、自由职业者、网络主播、外卖骑手等。灵活就业人口总规模超过2亿人，占全国劳动人口的比例超过了1/4（赵跃辉，2022）。

灵活就业人口由于个人原因、单位原因等，造成基本养老保险的漏保、断保、缴纳基数低等问题。这使灵活就业人员实际参加社会养老保险的水平较低，未来将面临养老保障不足的问题。

（5）城乡基本养老金保障水平差距较大。目前，我国并行的社会基本养老保险包括城镇企业职工基本养老保险、机关事业单位基本养老保险、城乡居民基本养老保险等。不同种类的基本养老金保障水平差距很大。城镇企业职工基本养老保险的养老金水平各地平均为每月几千元，而广大的农村以新型农村社会养老保险为主，由于建设时间晚、缴费基数低等原因，养老金水平仅为每月几百元。因此，我国尽管已经建立了覆盖率很高的基本养老保险制度，但仍存在较大的城乡差距。

2. 我国基本医疗保险体系的现状和问题

目前，我国已经建成基本覆盖全国超 13 亿人、参保率 95%以上的社会基本医疗保险体系。我国基本医疗保险体系包含并行的两种基本医疗保险制度，分别是城镇职工基本医疗保险和城乡居民基本医疗保险。

我国城镇职工基本医疗保险从 1994 年开始，建设时间较长，到 2021 年，参保总人数超过 3.5 亿人，基金结余超过 2.9 万亿元。

我国城乡居民基本医疗保险是由城镇居民基本医疗保险制度和新型农村合作医疗制度整合而成的，设立的时间较晚。城镇居民基本医疗保险于 2007 年建立，新型农村合作医疗制度于 2003 年建立。2016 年，国务院颁布了《关于整合城乡居民基本医疗保险制度的意见》，将城镇居民基本医疗保险制度和新型农村合作医疗制度整合成为城乡一体的城乡居民基本医疗保险制度。2021 年，我国城乡居民基本医疗保险参保总人数超过 10 亿人，基金结余为 6712 亿元。

城镇职工基本医疗保险制度和城乡居民基本医疗保险制度在参保、筹资、报销等方面均有不同，造成两种医疗保障制度的保障水平差距巨大。从人均数据来看，2021 年城镇职工基本医疗保险的人均基金收入、人均基金支出和人均基金结余分别为 5019 元/人、4196 元/人和 8302 元/人；

2021 年城乡居民基本医疗保险的人均基金收入、人均基金支出和人均基金结余分别为 965 元/人、906 元/人和 665 元/人。城镇职工基本医疗保险的人均基金收入、人均基金支出和人均基金结余分别是城乡居民基本医疗保险的 5.2 倍、4.6 倍和 12.5 倍。由此可见，我国基本医疗保险体系还存在城乡差距大、保障水平不足等问题。

（三）我国个人资产年金化的现状和存在的问题

1. 我国个人资产年金化的现状

居民个人养老资产包括养老金、住房公积金、个人储蓄、个人投资、自有住房、个人其他物质资产等。其中，公共养老金统筹账户中的养老金资产已经完全年金化，个人养老金中个人商业养老保险的部分也已经年金化；个人其他物质资产包括养老金个人账户、个人储蓄、个人投资、自有住房等都没有实现年金化（见表 1-2）。

表 1-2　个人养老资产的构成

资产类型	账户形式	领取制度	流动性	是否已经年金化
公共养老金	统筹账户	退休后按月终生领取	弱	是
	个人账户	退休后定期领取（如 120 个月），或在某些情况下一次性领取	一般	否
企业年金	个人账户	退休后定期领取（如 120 个月），或在某些情况下一次性领取	一般	否
职业年金	个人账户	退休后定期领取（如 120 个月），或在某些情况下一次性领取	一般	否
个人养老金（含商业养老保险）	个人账户	一般是退休后领取（定期或终身）	一般	部分
住房公积金	个人账户	退休后可一次性领取	弱（取出前） 强（取出后）	否
个人储蓄	个人账户		强	否

续表

资产类型	账户形式	领取制度	流动性	是否已经年金化
个人投资（不含商业养老保险）	个人账户		强	否
自有住房	个人账户		一般	否
个人其他物质资产	个人账户		一般	否

资料来源：笔者自制。

第一，本章第一节已经介绍了我国公共养老金的现状和存在的问题。公共养老金（统筹账户）已经实现了年金化领取，对于总体财富水平不高、有公共养老金保障的人群而言，公共养老金占其总体养老资产的比例较高，这说明这类人群已经实现了相当比例的养老资产年金化。

第二，公共养老金个人账户、企业年金和职业年金的领取形式有多种，可以在退休后定期领取，或在某些情况下一次性领取。住房公积金可以在退休后一次性领取。这类在退休后可以领取的资产，并没有实现年金化。

第三，从个人金融资产的角度来看，包括个人储蓄、个人投资等的个人商业养老年金是个人养老金的重要组成部分，但从我国居民个人金融资产的构成来看，储蓄存款、股票和债券是居民金融资产占比最高的组成部分，全部保险资产仅占总金融资产的 2%。个人商业养老金在居民金融资产中的占比极小，几乎可以忽略不计（郑秉文，2016）。

第四，在中国家庭或个人的资产中，住房占了相当大的比例。住房反向抵押养老保险是一种新型的养老金融产品。2014 年，原中国保险监督管理委员会颁布了《关于开展老年人住房反向抵押养老保险试点的指导意见》，明确了“反向抵押养老保险是一种将住房抵押与终身养老年金保险相结合的创新型商业养老保险业务，即拥有房屋完全产权的老年人，将其房产抵押给保险公司，继续拥有房屋占有、使用、收益和经抵押权人同意的处置权，并按照约定条件领取养老金直至身故；老年人身故后，保险公司获得抵押房产处置权，处置所得将优先用于偿付养老保险相关费用”。2014年，北京、上海、广州、武汉四个城市开始试点。截至目前，住房反向抵押养老保险规模极小，并未实现较大范围的推广。

2. 我国个人资产年金化存在的问题

我国个人资产年金化还处于发展的起步阶段，存在总体规模小、养老年金产品不足、配套制度不完善等问题。

首先，我国个人资产年金化的总体规模较小。不考虑公共养老金（统筹账户）部分，我国居民个人资产包括金融资产和实物资产，年金化水平均极低。在人口老龄化背景下，我国居民个人资产配置效率较低，没有做好应对人口老龄化和长寿风险的准备。我国养老年金产品同质化严重，产品创新不足，无法满足居民多样化的养老需求。其次，我国促进养老年金发展的配套政策制度不完善。例如，在养老金体系中，不同类型的养老金个人账户尚没有实现统一，养老金的领取和配置效率低；养老金融配套的机构监管和消费者保护制度不足，使消费者对年金供给机构信任度不高。最后，我国居民的养老意识不足，对金融基础知识的掌握尤显薄弱。

（四）积极老龄化理论与中国积极应对人口老龄化的相关政策

传统老龄化观点更多关注老年人生理和心理的衰退，认为老龄人群是单纯的需求方，无法产生社会价值，是社会经济发展的制约因素。老龄化是现代社会经济和科技进步的重要标志。随着医疗条件的改善及积极心理学的发展，老龄化相关研究逐渐向“积极老龄化”发展。相关老龄化理论包括成功老龄化（Havighurst，1963）、生产老龄化（Gleason and Butler，1985）、健康老龄化、积极老龄化。其中，积极老龄化包含的内容更丰富，得到了更广泛的认可。

积极老龄化概念的提出可以追溯到1997年在丹佛召开的西方七国首脑

会议；1999 年，欧盟召开了以“积极老龄化”为主题的国际会议，深入探讨了积极老龄化的理论价值和现实意义。2004 年 4 月，世界卫生组织（WHO）向联合国第二届世界老年大会上提出的《积极老龄化：政策框架》（Active Ageing：A Policy Framework）将积极老龄化定义为：老年人能够充分发挥自身体力、精神及社会潜能，并按照自己的需求、愿望和能力去参与社会，以实现生活质量的提升，同时也能在需要帮助时获得充分的保障和照料，并提出“健康”“参与”“保障”三大核心理念。积极老龄化理论得到了较为广泛的认可，逐步发展为各国应对老龄化的理论和政策参考依据。

“健康”是实现积极老龄化的基础。根据 WHO 提出的《积极老龄化：政策框架》，健康支柱要求通过环境和行为等方面进行干预，以降低老年人由于生理和心理衰退带来的技能下降风险，同时对于失能老人，要提供健康和社会服务，如长期护理服务等。这与 WHO 提出的延长健康预期寿命的理念是相同的。“参与”是指老年人仍可以通过有偿或无偿的社会活动，保持社会参与度，继续为社会作贡献。这里的社会活动包括有偿劳动、志愿活动、文化活动、公民事务等形式。“保障”是指通过建立社会保障体系，为老年人提供基本的生存保障和环境保障。“健康”“参与”“保障”三支柱相互支撑，形成了积极老龄化的核心理念。

世界各国结合自身国情，推进积极老龄化建设。我国政府高度重视人口老龄化及相关问题，正在推动积极应对人口老龄化的各项政策和措施。中国社会科学院发布的《积极应对人口老龄化战略研究报告 2021》将我国积极应对老龄化政策的发展历程进行了总结，从理论到法律法规、战略行动，再到提出国家战略，可分为以下三个阶段：

一是积极应对人口老龄化概念的提出阶段（2000—2011 年）。2000 年 8 月，《中共中央、国务院关于加强老龄工作的决定》从保障老年人的合法权益、发展老年服务业、加快老龄事业发展、开展生动活泼的老年思想政治工作等方面对应对人口老龄化做出了总体部署。2006 年，《中华人民共和国国民经济和社会发展第十一个五年规划纲要》提出"积极应对人口老龄化"，这是我国政府政策文件中首次提出积极应对人口老龄化，标志着我国积极应对人口老龄化从理论走向了实践。二是积极应对人口老龄化政策体系形成阶段（2012—2019 年）。党的十八大以来，我国高度重视人口老龄化问题。2012 年 11 月，党的十八大报告提出要大力发展老龄服务事业和产业。2016 年，《中华人民共和国国民经济和社会发展第十三个五年规划纲要》再次强调积极应对人口老龄化。2016 年 12 月，国务院印发了《国家人口发展规划（2016—2030 年）》，提出积极应对人口老龄化，要加快构建以社会保障、养老服务、健康支持、宜居环境为核心的应对老龄化制度框架。2019 年 11 月，中共中央、国务院印发了《国家积极应对人口老龄化中长期规划》，明确了未来积极应对人口老龄化的战略目标、发展方向和具体要求。三是积极应对人口老龄化国家战略的实施阶段（2020 年至今）。2020 年 10 月，党的十九届五中全会将"积极应对人口老龄化"上升为国家战略。2022 年 8 月 30 日，第十三届全国人民代表大会常务委员会第三十六次会议上听取了全国人民代表大会常务委员会专题调研组《关于实施积极应对人口老龄化国家战略、推动老龄事业高质量发展情况的调研报告》。[①]

二、研究意义

在我国人口老龄化不断深化和特殊经济形势的背景下，积极应对人口老龄化，改善我国养老金体系的现状，准备迎接人口老龄化带来的长寿风险，是社会各界需要面对的重要问题。在此背景下，政府、企业和个人均承担着各自的角色和责任。从微观视角来看，个人和家庭面临着养老金储备不足和结构严重失衡的问题。从当前我国养老金体系的三支柱来看，第

① 林宝．积极应对人口老龄化——内涵、举措和建议［M］．北京：中国社会科学出版社，2021.

一支柱占比最高，但在当前经济增速下滑的背景下，政府已经无力进一步提高第一支柱的替代率；企业是发展第二支柱的主要部门，而企业在养老责任方面无主观动力；养老责任不可避免地向个人倾斜。因此，我国鼓励发展个人养老金，发展和健全多支柱养老金体系。年金是个人养老金的重要形式，是个人养老资产配置的重要方向，是对抗长寿风险最有效的措施之一。

在社会现实方面，系统地研究个人资产年金化及其影响因素，能够帮助政策制定者、行业从业者、个人与家庭更深刻地意识到资产年金化的重要意义，更好地理解年金化水平的影响因素，可以促进个人养老金的转化和积累；同时基于有限的养老资产，可以推进改善养老资产配置的结构，平滑终生消费水平，提高居民的终生效用，降低终生破产概率。以上均可以帮助社会各方更加积极地应对人口老龄化和长寿风险，因此研究个人资产年金化问题具有重要的社会意义。

在理论研究方面，针对老龄化和养老金体系，我国学者的研究视角主要着眼于养老金制度改革、养老金缺口测算、多支柱建设、国际借鉴等。这些都属于养老金的积累阶段，我国学者对养老金领取和养老资产有效配置的研究较少；同时，养老资产年金化的相关研究以国外为主，国内由于养老年金发展滞后，相关的系统性研究较少。因此，系统地研究个人资产年金化及其影响因素，具有较高的理论研究价值。

第二节　研究方案

一、研究问题与目标

基于积极应对人口老龄化的背景，本书构建了个人资产年金化的研究框架，研究中国的退休者面对长寿风险应该如何将个人资产配置于年金，并分析了影响年金化水平的宏观因素和微观因素。本书遵循“提出问题—分析问题—解决问题”的思考逻辑，首先，从中国人口老龄化和个人资产年金化的现状出发，提出中国年金化发展不足的问题，即“年金谜题”；其次，使用理论研究和实证研究等方法，对个人资产年金化中的最优年金化率、最优年金化时间及重要影响因素进行了系统分析；最后，根据研究成果给出相关建议。

笔者的研究边界为中国个人养老资产配置中的年金化问题，即中国居民在养老资产的消费阶段，为了达到个人终生效用的最大化，如何进行养老资产配置年金化。

本书的具体研究目标有：

第一，以生命周期理论和积极老龄化政策框架为基础，参考中国实际国情，研究在个人终生效用最大化的情况下个人资产的年金化率和年金化时间，得到在中国国情下的最优年金化率和最优年金化时间，验证中国是否存在“年金谜题”，帮助居民对抗人口老龄化和长寿风险，提高居民福利水平。

第二，在最优年金化研究的基础上，从理论角度研究最优年金化水平的影响因素，尝试解释产生“年金谜题”的原因，为政策制定者、年金供给机构、个人和家庭提供参考。

第三，在理论研究的基础上，参考积极老龄化政策框架，通过实证研究方法，分别检验健康因素和社会保障因素对年金化水平的影响机制，进一步解释产生“年金谜题”的原因。实证研究的结果与理论研究的结果相结合，可以更全面、更深刻地理解年金化水平的影响机制，为政策制定者、年金供给机构、个人和家庭提供参考。

二、研究思路与框架

本书遵循现实问题与理论研究相结合、政策框架与理论研究相结合、理论研究与实证研究相结合的研究思路，具体如下：

第一，现实问题与理论研究相结合。中国拥有超过 14 亿人口，是世界上最大的发展中国家，其发展历程、发展阶段和具体情况都有自身的特点。本书将深入分析中国人口老龄化、社会保障体系、个人资产年金化的现状和问题，为该研究的理论研究提供现实依据和支撑；同时，在进行理论研究时将紧扣现实问题，从理论分析模型到实证模型的建立、从参数数据到实证数据的选择，均充分考虑中国国情现状，并最终提出针对中国的政策建议。

第二，政策框架与理论研究相结合。人口老龄化问题是全球关注的重大问题，是政策、学术、产业均关心的重要命题。本书参考积极老龄化政策框架，将《积极老龄化：政策框架》中的“健康”“保障”“参与”三要素与本书的理论研究和实证研究相结合，试图为相关学术研究提供新的思路。

第三，理论研究与实证研究相结合。本书的理论研究基于终生效用函数的理论模型，使用数值法研究在终生效用最大化情况下的个人资产最优年金化率和最优年金化时间，通过变化参数数值设置来研究年金化水平的影响因素及影响机制，为实证研究提供理论依据。本书的实证研究以理论研究的结果为参考和依据，实证研究的理论假设提出和回归模型设置均参考理论研究的基本框架和研究结果。与理论研究相同，本书的实证研究也参考了积极老龄化理论来构造实证研究的回归模型。

本书的研究框架与技术路线如图 1-4 所示。

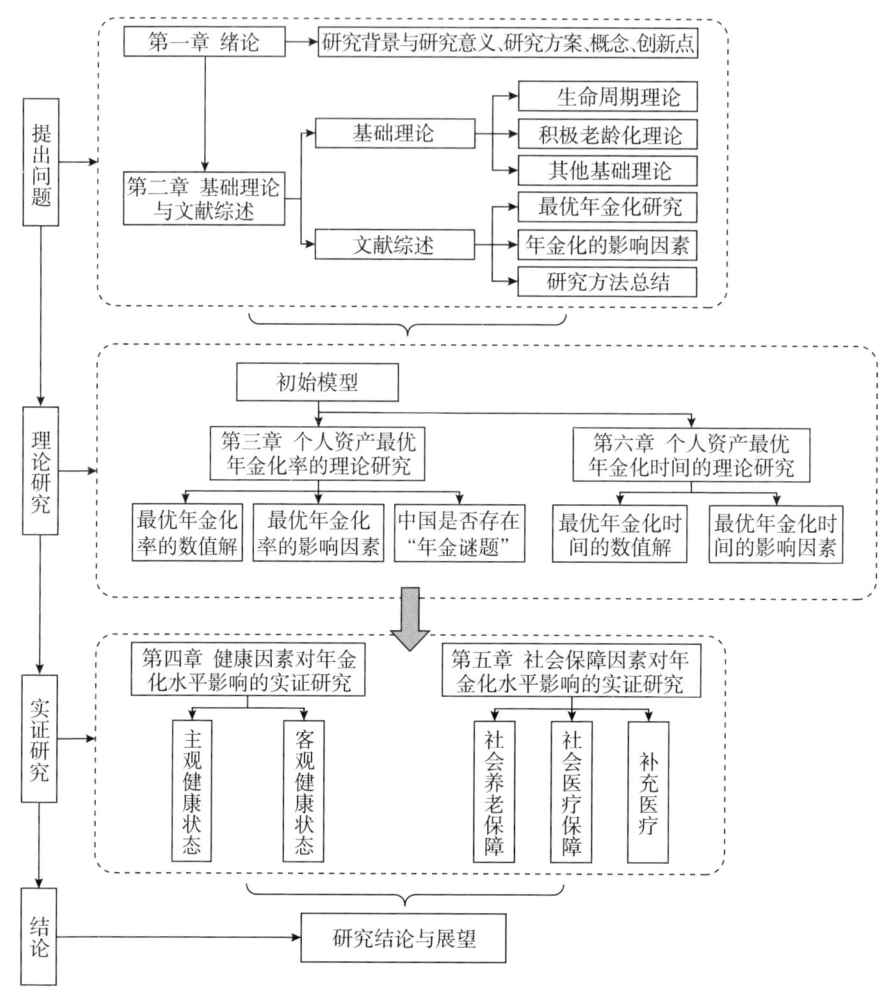

图 1-4 本书的研究框架与技术路线

三、研究视角

本书基于积极老龄化政策框架的研究视角，将《积极老龄化：政策框架》提出的“健康”“保障”“参与”三要素全面整合在理论研究和实证研究中。首先，在理论分析的理论模型中，加入代表“健康”“保障”“参与”三要素的参数和变量，并根据三要素的不同情况构建不同情景，计算不同情景下的最优年金化率和最优年金化时间。其次，在实证研究中，分别详细研究了健康因素和社会保障因素对年金化水平的影响。

四、研究内容

本书主体内容共分为七章，每章的具体研究内容如下：

第一章为绪论。本章首先介绍了研究背景与研究意义，并提出研究问题，其中研究背景详细介绍了我国人口老龄化、养老金体系、个人资产年金化的现状和问题，我国人口老龄化表现出人口老龄化程度深、老龄化速度快、城乡差距和未富先老等问题；我国养老金体系存在养老金总量积累不足、结构不均衡等问题。以上内容为后续研究提供了现实依据。其次详细介绍了本书的研究目标、研究思路与框架及研究内容。再次介绍了在后续研究中需要用到的基本概念及其内涵。最后介绍了理论框架、理论模型和实证研究等方面的创新点。

第二章为基础理论和文献综述。本章系统梳理了研究个人资产年金化问题相关的基础理论和文献综述，并对文献进行总结和评述。首先，主要的基础理论包括生命周期理论、投资组合理论和行为金融理论；其次，文献综述部分主要包括最优年金化率、最优年金化时间、年金化需求问题提出、年金化水平影响因素等相关内容，其中影响因素分为宏观影响因素、微观影响因素和行为影响因素；最后，总结了年金化需求不足问题的解决措施和建议，并总结、分析了前人的研究方法。

第三章为个人资产最优年金化率的理论研究。首先，在前两章的基础上，依据生命周期理论，参考《积极老龄化：政策框架》提出的“健康”“参与”“保障”三要素，构建了基于终生效用函数的理论模型，并根据相关文献和中国具体国情对模型中的参数和变量进行了赋值；其次，介绍了求解的人工智能算法和求解工具；再次，最优年金化率的数值求解，本章得到了不同情景下的最优年金化率曲线；最后是参数敏感性检验，研究不同参数变化情况下最优年金化率的变化情况。本章一方面建立了理论模型并求解了不同情况的最优年金化率曲线；另一方面通过情景讨论和参数敏感性分析，探讨了最优年金化率影响因素的分类和影响机制，为后续实证研究提供了理论基础。

第四章为健康因素对年金化水平影响的实证研究。本章基于积极老龄化视角，利用大型调研数据中国健康与养老追踪调查（China Health and Retirement Longitudinal Study，CHARLS），使用实证研究方法，重点研究主观健康状态对年金化水平的影响。本章的结构安排为：第一节为理论分析与研究假设；第二节为变量设置、数据选择与变量计算；第三节为计量模型，首先提出理论假设，其次建立计量模型；第四节到第七节分别为基准回归、内生性检验、稳健性检验、进一步分析；最后为本章小结。

第五章为社会保障因素对年金化水平影响的实证研究。本章仍使用CHARLS数据，使用实证研究方法，研究社会保障中的社会养老保障、社会医疗保障、补充医疗保障对年金化水平的影响。本章的结构安排为：第一节为理论分析与研究假设；第二节为变量设置、数据选择与变量计算；第三节为计量模型，首先提出理论假设，其次建立计量模型；第四节到第七节分别为基准回归、内生性检验、稳健性检验、进一步分析；最后为本章小结。

第六章为个人资产最优年金化时间的理论研究。最优年金化时间是最优年金化问题的另一个重要子问题。本章在第三章初始模型的基础上，调整得到研究年金化时间问题的理论模型；变量赋值和求解方法与第三章类似；最终求解出不同情景下的最优年金化时间，并做了参数敏感性分析。

第七章为结论与启示。首先，对现实研究、理论研究、文献研究的结果进行总结和提炼，得到本书的研究结论；其次，根据研究结论，从政策制定者、年金提供者、年金需求方等角度提出了建议；最后，根据本书的局限对未来的研究进行了展望。

五、研究方法

本书综合运用了文献研究、理论研究和实证研究等研究方法。

在文献研究方面，本书对国内外关于个人资产年金化、“年金谜题”、年金化水平影响因素的相关文献进行了系统全面的梳理、归纳和总结，其中包括个人资产最优年金化率和最优年金化时间的理论研究，年金化水平影响因素的理论研究、实证分析和实验研究。通过使用文献研究方法，本书得到了年金化相关的历史和最新研究进展，在已有文献的基础上，结合中国国情，确定了本书的研究主题和研究目标，明确了研究框架和研究内容。同时，已有文献也为本书的研究提供了理论基础，为本书的创新点提供了参考依据。

在理论研究方面，在生命周期理论的基础上，参考积极老龄化框架，对传统的生命周期理论模型进行了拓展，将“健康”“参与”“保障”三要素纳入包含年金的个人资产最优化决策模型中。本书基于中国的实际国情给模型中的参数和变量进行赋值，通过数值求解方法得到使决策模型函数值最大化的年金化率和年金化时间。通过观察参数和变量的数值变化对最优年金化率和最优年金化时间的影响，从理论角度分析年金化水平的影响因素，为后续实证研究提供了理论依据。

在实证研究方面，根据理论研究的结果，本书参考《积极老龄化：政策框架》，重点关注“健康”因素和“保障”因素，使用大型微观调研数据和 Logit 模型进行了回归检验，并根据各自特点做了异质性检验、机制分析和调节效应分析。

第三节　概念的内涵与界定

这里介绍本书涉及的主要概念及其内涵，并给出相关概念的界定。相关概念主要包括人口老龄化和养老金融两大类。其中，人口老龄化的相关概念包括人口老龄化、长寿风险、积极老龄化；养老金融的相关概念包括养老金融、个人养老资产、第三支柱、个人养老金、年金与年金化等。通过界定相关概念的内涵，可以为该书的后续研究做好准备。

一、人口老龄化的相关概念

（一）人口老龄化

人口老龄化是指生育率降低和人均寿命延长等因素造成的老年人口比例相应提高的社会现象。根据联合国制定的标准，通常把 60 岁及以上人口占总人口的比重达到 10%，或者 65 岁及以上人口占总人口的比重达到 7% 作为国家或地区进入老龄化社会的标准。当一个国家或地区 65 岁及以上人口占总人口的比例超过 14%时，则意味着这个国家或地区进入深度老龄化；当一个国家或地区 65 岁及以上人口占总人口的比例超过 20%时，则意味着这个国家或地区进入超级深度老龄化。人口老龄化给社会、经济、养老金体系、家庭等带来诸多影响。

（二）长寿风险

从微观角度来看，长寿风险是指平均寿命高于预期、在生命期限内财富累积耗尽的风险（Blake and Dowd，2006）。对于个体和家庭来说，在国家的社会保障体系不健全的情况下，若个体或家庭没有做好养老准备，在退休后的老年期可能会面临财富耗尽的情况。为了应对长寿风险，个体或家庭或许有两种措施：一是在退休前的积累期尽量地减少消费，增加储蓄；二是在退休后的消费期减少消费。这两种措施都会造成个体或家庭偏离最优的平滑消费路径，带来福利的损失。

本书研究的个人资产年金化的核心功能就是改善长寿风险造成的福利损失，通过资产的年金化可以平滑消费，并将长寿风险的承担者从个人转移到年金供给机构。

（三）积极老龄化

2003 年，世界卫生组织发布了《积极老龄化：政策框架》，期望可以促使个体和群体能够积极应对老龄化挑战，鼓励自我照料、代际友好，以缓解养老金、社会保障、医疗支出等不断增加的压力。《积极老龄化：政策框架》提出了实现积极老龄化的三个行动支柱：“健康”“参与”“保障”。

我国正在推动积极应对老龄化，2019 年 11 月，中共中央、国务院印发了《国家积极应对人口老龄化中长期规划》；2020 年 10 月，党的十九届五中全会将“积极应对人口老龄化”上升为国家战略。

二、养老金融的相关概念

（一）养老金融

Blake（2006）在 *Pension Finance* 一书中，界定了比较狭义的养老金融的内涵，这里的养老金融应该被称为养老金金融，其主要研究对象是养老基金投资于金融资产（主要包括货币市场证券、债券、贷款、股票、集合投资工具）、不动产、衍生工具和另类投资。

在我国，养老金融的内涵在不断完善，目前接受度较高的是董克用和张栋（2017）提出的养老金融的概念。他们认为，养老金融包括三个层面：①养老金金融，主要是养老金制度安排和养老金资产管理；②养老产业金融，即金融支持养老产业投融资及其发展过程的金融活动；③养老服务金融，即金融机构围绕老年人财产管理需求而进行的相关金融服务。

（二）个人养老资产

养老资产的概念尚未有明晰、权威的解释。一般认为，养老资产指的是个人或家庭以养老为目的所积累的资产，类似的概念还有养老储蓄和退休储蓄。Feldstein（1974）首次提出了养老金资产（Social Security Wealth）的概念及其估算方法，认为养老金资产是人们未来养老金收入的折现净值，并将养老资产作为储蓄的一部分纳入生命周期模型。

杨燕绥（2014）在《中国老龄社会与养老保障发展报告 2013》中提出了养老资产的概念，养老资产是指预期给持有者带来养老收入的各种资源，包括权益类、金融类、物质类、人力资本。在许伟和傅雄广（2022）给出的中国居民资产负债表中，居民部门资产的测度范围为金融资产和实物资产。其中，金融资产包括居民持有的通货、存款、各种债券、股票、投资基金份额、证券客户保证金、保险准备金、理财产品、资金信托计划；实物资产则包括城镇和农村住宅，以及私人拥有的汽车。在王增武和陈彬（2021）给出的家族生命周期资本负债表中，家族资本的范围包括有形资本和无形资本，其中有形资本包括金融资产和非金融资产。

本书界定的养老资产的内涵是指预期给持有者带来养老收入的各种资源，包括权益类、金融类、物质类。其中，公共养老金、个人金融资产、个人住房三类的占比最大。

（三）第三支柱

1994 年，世界银行在总结部分发达国家改革经验的基础上，提出建立多支柱养老保险，具体包括在国内通用的以现收现付制为主的第一支柱基础养老金，基于雇佣关系以基金积累为主的第二支柱职业养老金，以及以个人储蓄为主的第三支柱个人养老金，也就是“养老金三支柱体系”。在养老金三支柱体系中，第一支柱基础养老金由政府承担，其目标是保障老年人的基本生活；第二支柱由用人单位和个人承担并成为养老金的主要资金来源；第三支柱由个人承担并致力于提高个人的养老待遇。目前，全球主要国家大多建立了养老金三支柱体系（见表 1-3）。

表 1-3 部分国家养老金体系构成

国家	第一支柱基础养老金	第二支柱职业养老金	第三支柱个人养老金
美国	联邦公共养老金	401（k）、403（b）计划	个人退休金账户
日本	公共年金体系	企业年金	个人年金
德国	基本养老保险	企业补充养老保险	个人自愿养老保险
英国	国家养老金	职业养老金	个人养老金
加拿大	公共养老金	退休养老金	个人储蓄养老金
澳大利亚	基本养老金	保障型超级年金	自愿型超级年金
智利	公共养老金	个人账户养老金	个人补充养老金

资料来源：笔者总结。

（四）个人养老金

根据 OECD（2008）的划分标准，养老金可以分为公共养老金（Pubic Pension）和私人养老金（Private Pension）两大类。其中，私人养老金根据是否具有强制性、是否与职业相关两个维度，进一步划分为强制性职业养老金、强制性个人养老金、自愿性职业养老金和自愿性个人养老金四种类型（见图 1-5）。2022 年 11 月 4 日，人力资源和社会保障部、财政部、国家税务总局、银保监会、证监会五部门联合发布的《个人养老金实施办法》给出的个人养老金的定义是：个人养老金是指政府政策支持、个人自愿参加、市场化运营、实现养老保险补充功能的制度。

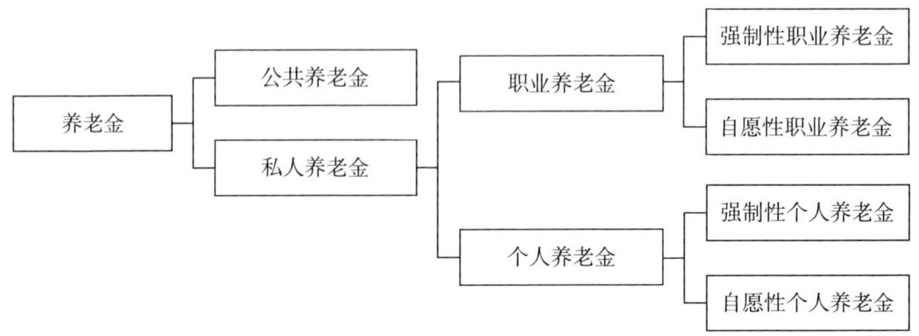

图 1-5　养老金结构

（五）年金与年金化

“年金”（Annuity）一词是由拉丁文单词“annulus”变化而来，最初的含义是“一年一次给付”。广义地说，年金即为一系列的定期支付。Sir Edward Coke 在 1613—1620 年担任英国皇家法庭大法官期间，提出的年金概念是“向投保人收取费用，在一定期限内或终身，向其他人（受益人）按年支付一定的金额”。Brown 等（2001）给出的年金的定义是：年金一般定义为是一种合约，能够提供在一定期限内定期支付一定的金额。

年金按照给付期限、给付节奏、给付金额、缴费要求等有不同的分类。按照年金给付终止时间分为终身年金、定期年金和确定年金；按照年金给付金额是否变化分为定额年金（固定给付年金）和变额年金；按照年金给付起始时间分为即期年金和延期年金；按照年金保险给付频率可以分为按年给付年金、按季给付年金、按月给付年金和其他方式。

本书在后续研究中所用的年金是指：一种合约，按期给付某一金额至死亡。在人口老龄化背景下，养老资产年金化是应对长寿风险的重要手段。面对长寿风险，年金能够提供稳定现金流，平滑消费，以应对长寿情况下的储蓄不足问题，年金是最有效的应对长寿风险的工具之一。

年金化（Annuitization）是投资者的一种资产配置行为，是指投资者为了实现自身目标将个人或家庭资产在年金和其他产品之间进行分配的一种资产配置操作。年金化的要素包括年金化的目标、年金化率、年金化时间等。其中，一般的年金化目标是提高资产配置效率，应对长寿风险；年金化率是指配置到年金的资产占总资产的比例；年金化时间是指投资者购买年金的时间。

第四节 创新点

本书的创新点有以下几个方面：

第一，本书系统地研究了个人资产最优年金化率、最优年金化时间、年金化水平的影响因素等问题。个人资产年金化问题在国内研究得较少，目前国内尚未有文献进行系统性的研究，针对人口老龄化和养老金融相关话题，我国学者们的研究视角更多专注于养老金的积累阶段，如养老金制度改革、养老金缺口测算、多支柱建设、国际借鉴等，对养老金的领域和资产配置阶段的研究较少。另外，养老资产年金化的相关研究以国外为主，国内由于个人养老年金发展滞后，相关研究较少。本书着眼于养老资产的配置问题，综合使用多种研究方法，系统地研究了个人资产年金化问题及其影响因素，丰富了国内的研究内容。

第二，在理论研究方面，在传统生命周期理论基础上，本书引入了积极老龄化政策框架，拓展了理论研究思路。在过去的研究中，生命周期理论是研究养老资产年金化和养老资产配置最主要的理论基础，部分学者将某些单一因素加入生命周期模型中。本书参考积极老龄化理论框架，不再是单一地加入某个变量，而是按照积极老龄化理论中“健康”“保障”“参与”三支柱，将健康因素、医疗费用支出和退休后劳动收入三类因素融入传统的生命周期理论模型中，更加全面地研究了不同情景下个人资产的年金化问题，丰富了原有的理论模型。

第三，在实证研究方面，本书紧扣积极老龄化视角，使用实证研究方法，综合健康因素和保障因素，对年金化水平的影响因素进行了综合分析，力求对年金化水平的影响因素进行综合系统的研究。尤其是对微观因素的研究，拓展了研究视野，丰富了研究成果。

第四，本书对最优年金化时间问题进行了单独研究，丰富了该领域的研究成果。在过往涉及最优年金化时间的研究中，单独研究最优年金化时间的成果较少，主要是在研究最优年金化率的过程中对年金化时间进行的简要分析和讨论。本书对最优年金化时间单列一章进行研究，在初始模型的基础上，调整得到专门研究最优年金化时间的理论模型，且通过数值求解的方法，得到不同情景下随着初始财富变化最优年金化时间的变化情况，且通过参数和变量的数值变化研究了最优年金化时间的影响因素。因此，本书丰富了个人资产最优年金化时间的研究成果。

第二章　基础理论与文献综述

本章介绍基础理论和相关文献综述，并对文献做了总结和评述。其中，基础理论包括生命周期理论、投资组合理论和行为金融理论。生命周期理论和投资组合理论是研究个人消费、投资和资产配置的经典理论模型，行为金融理论由金融学、心理学、社会学和实验经济学等相互融合交叉形成，并逐步发展成为较为系统完整的理论体系。文献综述部分围绕年金化问题介绍了最优年金化、年金化需求不足、年金化影响因素三个方面的文献，并对研究方法进行了总结和归纳。第三节文献评述部分总结了现有文献的脉络、特点和不足。

第一节　基础理论

一、生命周期理论

生命周期假说（Life Cycle Hypothesis）是研究个人在整个生命周期中收入、消费、储蓄、投资的重要理论模型。生命周期理论的分析框架最早是由美国经济学家 Modigliani（1964）提出的，后由 Samuelson（1969）、Merton（1969，1971）等进行了改进。生命周期理论假设个人是理性的，个人在整个生命周期内合理安排自己的消费、储蓄、投资等行为，从而实现个体效用的最大化。

Modigliani 是最早系统研究并提出生命周期假说的经济学家，具有代表性的两篇文献出自 Modigliani 和 Brumberg（1954）、Ando 和 Modigliani（1964）。早期生命周期假说的主要内容如下：生命周期假说研究消费者如何将自己的资源进行有效的配置（消费、储蓄），以达到终生效用的最大化。Modigliani 等假设个人从各期消费和获得的遗产中获得效用，且消费品的价格不变，则消费的数量仅与消费的价值有关。

因此，个体在年龄 t 时的效用函数的形式为：

$$U=U(c_t+c_{t+1},\ \cdots,\ c_L,\ a_{L+1}) \tag{2.1}$$

预算约束条件为：

$$a_t+\sum_{\tau=t}^{N}\frac{y_\tau}{(1+r)^{\tau+1-t}}=\frac{a_{L+1}}{(1+r)^{\tau+1-t}}+\sum_{\tau=t}^{L}\frac{c_\tau}{(1+r)^{\tau+1-t}} \tag{2.2}$$

其中，c_t 为个体第 t 期的消费；a_t 为第 t 期期初的资产；y_t 是第 t 期的收入；r 是利率；N 是收入年限；L 是生存年限。

求效用函数最大化时的消费和储蓄配置，使用拉格朗日方法求解：

$$\begin{cases}\dfrac{\partial U}{\partial c_\tau}=\dfrac{\lambda}{(1+r)^{\tau+1-t}};\ \tau=t,\ t+1,\ \cdots,\ L\\[2ex]\dfrac{\partial U}{\partial a_{L+1}}=\dfrac{\lambda}{(1+r)^{L+1-t}}\end{cases} \tag{2.3}$$

Samuelson（1969）研究了离散时间下的生命周期资产选择，他构造了一类人群“Business-men”，这类人群拥有一定的财富、有较高的预期收入、处于生命周期的壮年、能够进行长期投资。Samuelson（1969）基于 Ramsey 模型，构造了动态多期消费效用最大化模型。

目标效用函数为：

$$\text{Max} \sum_{t=0}^{T} (1+\rho)^{-t} U(C_t) \tag{2.4}$$

动态约束条件为：

$$C_t = W_t - \frac{W_{t+1}}{1+r} \tag{2.5}$$

通过理论推导得到使效用函数最大化的最优消费和最优资产配置的表达式为：

$$C_t^* = f[W_t; Z_{t-1}, \cdots, Z_0] = f_{T-t}[W_t] \tag{2.6}$$

$$w_t^* = g[W_t; Z_{t-1}, \cdots, Z_0] = g_{T-t}[W_t] \tag{2.7}$$

其中，Z 是独立分布的各期投资收益率相关系数。Samuelson（1969）的推导结果显示，最优解只与初始财富有关，与其他系数无关。虽然其结论与现实情况不符，但其使用的动态随机方法为后续研究提供了研究基础。

Merton（1969）研究了连续时间下的生命周期资产选择。Merton（1969）参考 Samuelson（1969）离散时间下生命周期资产选择的研究，构造了连续时间下的生命周期资产选择模型。他假设消费者只投资于风险资产和无风险资产，并考虑了遗产的效用，他给出的目标函数见公式（2.8）。Merton（1969）考虑了遗产的效用，并使用 Bellman 法则进行了求解，推动了生命周期理论模型的发展。

$$\text{Max}E\left\{\int_0^t e^{-\rho t} U[C(t)]dt + B[W(T), T]\right\} \tag{2.8}$$

其中，U 表示消费的效用，是严格的凹函数；B 表示遗产的效用。

纳入收入因素的生命周期资产选择理论。1992 年，Bodie、Merton 和 Samuelson 将收入因素纳入了生命周期模型（BMS 模型），认为人力资本是总财富的一部分，并将闲暇带来的效用加入效用函数当中。BMS 模型是应用较为广泛的生命周期资产选择模型，其研究结果认为人们随着年龄的增长和人力资本的下降会趋于保守。

二、投资组合理论

现代投资组合理论广泛应用于多个行业的资产配置、投资组合、风险管理等方面。这里介绍现代投资组合理论的主要核心内容。

Harry Markowitz（1952）提出了确定证券投资组合收益和风险的原理和方法，建立了经典的均值—方差模型的基本框架，这标志着现代投资组合理论的开端。Markowitz 的均值—方差模型存在一些缺陷：首先，该模型是静态的，即单期的；其次，模型设置了较严格的假设。例如，投资者的理性人假设，资产的收益率服从正态分布，各资产之间的方差可计算，不存在无风险资产，不允许卖空等。

资本资产定价模型（Capital Asset Pricing Mode，简称 CAMP 模型）由 Sharpe（1964）、Lintner（1965）和 Mossin（1966）在 Markowitz 均值—方差模型的基础上分别提出。CAMP 模型解释了投资组合的均衡收益率和风险之间的关系，并用简单的线性关系表达，简化了最优投资组合的运算过程，其实用性大大增强。CAMP 模型也存在一定的局限性：首先，该模型是基于 Markowitz 均值—方差模型的，沿用了之前的大部分基本假设，再加上自身的假设，使 CAMP 模型在现实中无法实现，存在偏差；其次，模型中的 Beta 系数计算难度较大。

在 CAMP 模型的基础上，Ross（1976）放宽了模型假设条件，基于无套利假设，用多个因素来解释投资组合的均衡收益率，建立了套利定价模型（Arbitrage Pricing Theory，简称 APT 模型），该模型有较强的实际应用性。

Fisher 和 Litterman（1992）使用贝叶斯分析的方法，将投资者对市场的主观预期加入 CAMP 模型中，形成了 Black-Litterman 模型，与市场实际情况更加贴近，应用性进一步提高。

以上是现代投资组合理论的核心理论，后来的研究者从多个角度进行了修正和发展，如与其他理论相结合、增加影响因素、进行动态分析等，并与多个领域的研究，共同构成了丰富的现代投资组合理论的理论体系。

三、行为金融理论

行为金融理论是行为经济学理论在金融领域的分支，是综合了心理学、金融学和实验经济学的新兴学科，至今尚未形成学术界的严格定义。一般认为，行为金融学通过分析投资者各种心理特征，来研究投资者的决策行为及其对资产定价影响，力图揭示金融市场的非理性行为和决策规律（吕彦昭、白云，2019）。

行为金融学对传统金融学的修正主要体现为对传统金融学理性人假设和有效市场假说这两大理论基础的修正。行为金融学对理性人假设的修正主要包括三个方面：一是有限理性和心理机制认为，人类的理性程度是有使用范围限制的，在现实环境中，人的计算能力和认知能力都是有限的，因此对信息的加工和处理能力都是有限的；二是实质理性和过程理性认为，个体无法实现价值的最终极大化，也就是说无法实现最终的实质理性，只能实现决策过程的过程理性；三是满意原则和最优原则认为，现实中人的心理资源是有限的，无法满足完全信息、稳定偏好和全面精确比较的理性要求，因此在现实中只用满意原则代替最优原则。传统金融学认为，在理性人假设下，市场是有效的，而行为金融学认为，市场中的经济行为是社会人在相互作用过程中以客观形式外显出来的对经济刺激的主观反映（吕彦昭、白云，2019）。

下面介绍行为金融理论的主要内容：

前景理论是行为金融理论中最经常涉及并被较多学者研究的重要基础理论。前景理论的核心观点是投资者在面对“收益”和“损失”两种情况时表现出的不同的风险偏好。前景理论的价值函数在收益阶段为凹函数，在损失阶段为凸函数。

与投资者本身相关的内容包括投资者认知偏差和投资者情绪与行为偏差。其中，投资者认知偏差是指投资者根据一定的现象或虚假信息做出判断，与真实情况不符，从而产生感知失真、判断不准确、解释不合逻辑等“不理性”结果（吕彦昭、白云，2019）。认知偏差主要包括启发式偏差、框定依赖偏差等。投资者情绪与行为偏差是指投资者由于自身的情绪和行为习惯带来的非理性偏差。投资者情绪偏差包括心理账户、过度自信、禀赋效应、时间偏好等，投资者行为偏差包括处置效应、羊群效应、恶性增资等。

随着行为金融学的不断发展和深入，在传统金融学细分领域，发展出来更多的行为金融学的成果，如行为公司金融、行为资产组合理论、行为资产定价理论等。

从行为角度解释保险领域的研究也在探索中，郭振华（2020）将行为保险经济学界定为以心理学和行为经济学相关理论为基础，分析有限理性的保险供需双方如何进行投保决策和承保经营决策，并分析上述决策的行为对保险市场的影响。

第二节　文献综述

本节介绍年金化相关的文献，主要包括最优年金化问题研究、年金化水平影响因素研究相关文献，并对文献中主要的研究方法进行了总结，为本书的后续研究提供研究依据。

一、最优年金化相关文献

在人口老龄化背景下，养老资产年金化是应对长寿风险的重要手段。面对长寿风险，年金能够提供稳定现金流、平滑消费，以应对长寿情况下的储蓄不足问题，养老资产年金化是最有效地应对长寿风险的措施之一。

个人养老资产年金化需求问题，可以理解为：在一定的条件和假设下，个人或家庭达到最大化福利或效用时，如何将养老资产配置于年金。具体可以分解为以下两点：①年金化的最优比例，即最优年金化率；②年金化的最优时间，即最优年金化时间。

（一）最优年金化率

关于个人养老资产年金化，重要的里程碑是Yaari在1965年发表的经典论文。Yaari（1965）假设个体是理性的，且没有遗赠动机，使用Fisher模型和Marshall模型，建立了两阶段生命周期模型，研究发现：面对不确定的寿命，当没有遗赠动机时，个体最优的养老资产配置是全部购买年金型养老保险，即个体最优的养老资产配置是全部年金化。但是Yaari的假设条件较严格，且没有考虑遗赠动机和利率、通胀等其他风险。在Yaari之后，学者们开始研究包含了年金的养老资产的配置问题，如养老资产是否要进行年金化，以及最优的年金化率水平。学者们使用理论推导、模拟分析、实证分析等不同方法进行了研究，这些研究的主要方向是在Yaari的研究基础上放宽相关的假设条件，如完备市场、遗赠动机、价格附加等，或增加其他相关因素，如健康冲击、劳动收入、背景风险等。大部分学者的研究成果显示，即使放宽了假设条件，较高比例或者一定比例的年金化仍然是最优选择。

在理论推导方面，有学者在原有理论的基础上放宽了假设条件，使研究结果的适用性更全面。例如，Davidoff等（2005）在Yaari的理论基础上进行了拓展研究，推导证明了在没有遗赠动机时，完全年金化更一般的充分条件。然而，在放宽了遗赠动机和市场完备假设后，完全的年金化则不再是最优的。Davidoff 等学者的主要贡献是放宽了原有文献的假设条件，推导出在更一般的条件下的最优年金化率。在求解方法方面，对于较复杂的模型，使用数值法进行模型的求解。Hainaut 和 Devolder（2006）使用数值法对包含年金的最优终生效用模型进行研究，发现当不考虑遗赠动机时，最优年金化率随着年金化时间的不同而变化，在 50 岁、55 岁、60 岁、65 岁进行年金化的最优年金化率分别是 80%、85%、90%、100%。Hainaut 和 Devolder（2006）的贡献是，针对一些复杂的模型，理论推导解析解的难度过大，可以使用数值法对具体情况进行求解研究。

在模型的构建方面，学者使用了不同的效用函数来构建理论模型。Horneff 等（2008）构造了基于 Epstein-Zin 效用函数的生命周期模型，并使用数值模拟方法研究了包含年金的最优资产配置问题。他们放宽了购买年金的时间限制，即假设每年都可以新增配置年金。研究结果显示，在投资者的资产配置中，在 50 岁时债券被年金挤出，在 75 岁时股票被年金挤出。此外，他们还尝试解释年金需求的影响因素，但发现健康因素、遗赠动机等仅可以部分的解释年金需求不足，或许行为因素可以进一步解释该问题。Horneff 等学者的主要贡献是使用了新的效用函数并放宽了购买年金的时间限制。也有学者将各种其他因素纳入原有理论模型中，在影响因素、年金产品类型、效用组合等方面进行了拓展。Chai 等（2011）将劳动收入纳入生命周期模型，按照年龄段分类，研究认为在浮动劳动收入的情况下，65~79 岁时的最优年金化率为 43.4%，80~94 岁时的最优年金化率为 96.7%。Horneff 等（2015）将有最低提取保障的可变年金纳入生命周期模型中并使用数值法求解，得到投资者应该在 40 岁时将个人资产的 42% 购买年金。Horneff 等学者的主要突破是配置可变年金，丰富了年金配置类型。Yogo（2016）利用 Cobb-Douglas 效用函数，将住房因素加入包含年金的退休资产组合中，丰富了退休组合的内容。Peijnenburg 等（2017）使用生命周期理论，在考虑了背景风险、遗赠动机、违约风险等因素后，认为当权益资产的收益不太高时，全部资产年金化仍然是最优的；当权益资产收益率较高时，最优年金化率下降到 42%。Peijnenburg 等学者的贡献是研究了多种因素影响下的最优年金化率，并考虑了年金的名义价值和实际价值。

也有少量学者得出了与主流研究成果不同结果，如 Tang 等（2018）构建了基于双曲线贴现的终身效用最大化模型，该模型发现投资者应该更大比例地投资人寿保险，而不是年金。

（二）最优年金化时间

最早专门研究了最优年金化时间问题的是 Milevsky 和 Young（2007），基于生命周期理论，他们研究发现，退休后立即年金化并不是最优的，应当推迟年金化的时间，最优年金化时间受到多种因素的影响，且女性的最优年金化时间比男性更晚。在此基础上，他们还计算了过早年金化的福利损失。这种假设只有全部年金化（年金化率为 100%）和完全不年金化（年金化率为 0）两种极端情况。

涉及最优年金化时间的研究中，专门研究最优年金化时间的文献较少。一般的文献只是在研究最优年金化率问题时，对最优年金化时间进行初步的研究和讨论。Hainaut 和 Devolder（2006）认为，在不考虑遗赠动机的情况下，50 岁时的最优年金化率是 80%，达到 65 岁时的最优年金化率为 100%。Gerrard 等（2012）针对可以自由安排消费和投资策略的退休人员，将最优年金化问题构造为随机控制和最优停止时间的问题组合，并使用蒙特卡洛方法获得模拟数据进行求解，研究结果显示，退休后 15 年内的年金化概率为 88.6%，平均的最优年金化时间为退休后的 4.66 年。Peijnenburg 等（2016）在考虑遗赠动机和背景风险等因素的情况下，65 岁时的最优年金化率仍接近 100%。Gao 等（2022）通过模拟研究表明，最优年金化时间和初始财富呈线性关系，模拟结果显示存在一个财富水平的临界值：当财富水平低于该临界值时，退休劳动收入会缩减年金化时间；当财富水平高于该临界值时，退休劳动收入会推迟年金化时间，以获得更高的年金。

因此，大部分最优年金化时间的研究成果是在研究最优年金化率问题时的附加研究，专门研究最优年金化时间的文献较少。

（三）年金化需求不足问题的发现与提出

1985 年，诺贝尔经济学奖得主 Modigliani 在发表获奖演讲时曾指出，“相对于其他商业保险产品来说，商业养老年金极其稀少，这非常让人费解”。之后，更多的学者关注了养老年金的理论推导和实际情况的巨大差距，养老年金需求不足的问题也被称为“年金谜题”。

年金实际需求不足的情况，在多个国家都有发现。例如，Friedman 等（1988）观察到美国退休者生命年金需求不足的问题。Dushi 和 Webb（2004）发现，即使账户余额较高的家庭，年金化率仍较低。Beshears 等（2014）通过实证研究发现，在美国的 DB 养老金计划中，50%~75%的退休者选择了一次性领取，仅约 10%选择了年金化领取。类似的现象在瑞士（Bütler and Teppa，2007；Bütler and Staubli，2010）、德国、日本（Purcal et al.，2008）、韩国、澳大利亚也被发现。

二、年金化水平影响因素的相关文献

年金化需求不足问题（“年金谜题”）被提出后，得到了学者的重视，学者试图从不同视角来解释“年金谜题”，并讨论年金化水平的影响因素。年金化水平的影响因素非常繁多，根据影响因素的类型和特点，MacDonald、Jones 和 Morrison 等（2013）以及 Alexandrova 和 Gatzert（2019）将影响因素分为三类：①基于个人自身条件的理性因素；②基于环境限制的理性因素；③行为因素。

参考上述分类方法，本书将年金化需求的影响因素分为四类：①外部环境因素；②基于个人自身条件的理性因素；③基于个人自身偏好的理性因素；④行为因素。

（一）外部环境因素

外部环境因素是指投资者自身条件或因素之外的影响因素，以宏观因素和背景因素为主，如通货膨胀、社会人口结构、其他替代资产、年金产品设计等因素。

1. 通货膨胀

通货膨胀是重要的背景因素，能够对年金产品价值、投资者预期等产生多种影响，从而影响年金需求和年金化水平。Koijen 等（2011）研究了最优年金化的风险管理，认为通货膨胀是年金风险之一，建议投资者购买与通货膨胀挂钩的可变年金。Beshears 等（2014）认为，通货膨胀的变化影响生活费用的需求，从而对年金化需求产生影响。

2. 社会人口结构

人口老龄化是人口结构变化的表现之一，具体体现为死亡率、老年抚养比等指标的变化。其中，最主要的是死亡率指标。死亡率下降伴随着长寿风险的提高，相应地会增加年金化需求（Mitchell et al.，1999；Brown，2001）。

3. 其他替代资产

在投资者的投资组合中，包括了债券、股票等其他资产，其他资产的收益率、波动性等均会影响年金化水平。其他替代资产的收益会对年金化水平造成负向影响，这一点学者们的研究结果基本一致（Milevsky，1998；Mitchell et al.，1999；Hainaut et al.，2006；Gerrard et al.，2012；Peijnenburg et al.，2017）；Chalmers 和 Reuter（2012）则使用实证方法，验证了股票市场收益率与年金化率呈负相关关系。股票市场的波动性则会增加年金化水平（Hainaut et al.，2006；Milevsky et al.，2007）。

4. 年金产品设计

年金产品设计包括年金价格、交易因素等。年金的保费包括两部分：净保费（Net Premium）和附加保费（Loadings）。部分消费者会对价格比较敏感（Chalmer and Reuter，2012），价格变动可能导致个人不同的年金化程度选择。Bütler 等（2013）使用对比数据，发现年金价格变化明显影响了年金需求。也有学者通过实证发现年金需求对价格不敏感（Chalmers et al.，2012）。另外还有一些其他的交易因素，如购买的最小金额限制也会压缩年金需求（Lopes，2005）。Hakansson（1970）、Poterba（2006）发现年金产品的流动性不足会降低年金的受欢迎程度。

（二）基于个人自身条件的理性因素

此类因素是指，在基于理性人假设的研究中，与投资者个人自身条件相关的因素，包括年龄、财富或收入水平、健康水平与预期寿命、替代因素、其他自身条件因素等。

1. 年龄

一些学者的理论研究和实证分析得出了相似的结论，年龄越大，年金对个人的吸引力越大（Brown and Poterba，2000；Hu and Scott，2007；Inkmann et al.，2011；Gerrard et al.，2012；Bütler et al.，2013）。

2. 财富或收入水平

财富或收入水平是年金化水平的重要影响因素，在理论分析中经常作为研究最优年金化率变化的主要维度。Dushi 和 Webb（2014）认为，退休储蓄不足会造成年金化水平较低。Brown（2001）发现，每增加 1%的年金等价财富，就可以增加 1%的年金需求。Kim 等（2020）发现，年金化有一定的财富门槛要求。Park（2015）发现，最优年金化率与初始财富相关，只有当初始财富高于某个阈值时，全部年金化才是最优的。Gao 等（2022）研究了考虑退休后有额外劳动收入情况下的最优年金化问题，利用鞅方法和对偶方法对基于柯布—道格拉斯模型的效用函数进行求解，使用蒙特卡洛模拟进行研究，结果显示最优年金化时间与初始财富呈线性关系，工资率和劳动率对年金化起反作用。

3. 健康水平与预期寿命

健康水平与预期寿命有较强的关联，一般健康水平越高则预期寿命越长。关于健康水平和预期寿命对年金配置的影响，学者们的研究结果较为一致。一般认为健康水平越好对年金的需求越高（Milevsky et al.，2007；Horneff et al.，2008；Peijnenburg et al.，2017）；相应地，预期寿命越长，则年金的需求越高（Inkmann et al.，2011；Beshears et al.，2014；Hagen，2015）。

4. 替代因素

购买年金是应对长寿风险的有效手段，但并不是唯一的方式，社会基本养老保险、家庭成员的风险共担，以及其他方式的资产配置也可以在一定程度上应对长寿风险，对年金有一定的替代作用。

社会养老保险与商业年金的功能是相似的，都可以在退休后为老年人提供终身的现金流，从而规避因生存不确定性导致的老年期财富枯竭的风险（Brown，2001）。Bernheim（1991）通过实证方法，也证明了社会保障收益增加了居民人寿保险的需求，但压缩了个人养老年金的需求。

类似地，政府消费补贴（AI et al.，2017）和最低生活保障（Bütler et al.，2017）等也会降低年金化需求。另外，家庭也能够在一定程度上帮助个人应对生存期的不确定性。Dushi 和 Webb（2004）则发现，按照家庭统计的年金需求要低于个体。Kotlikoff 等（1981）认为，可以把家庭看作一个小型的不完全年金市场，即使小型家庭也可以替代 70%的完全年金市场的功能。不过社会保险和家庭并不能完全替代年金，Brown 和 Poterba（2000）认为，即便考虑家庭成员风险分担的情况，年金化家庭财富依然会提升整体效用水平。同样地，Hu 和 Scott（2007）认为，在存在社会保障的情况下，年金仍然有一定的需求空间。

5. 其他自身条件因素

也有学者从其他角度解释“年金谜题”。例如，Peijnenburg 等（2010，2017）发现，如果在退休初期需要自付的医疗费用过高，完全年金化不是最优的。Sacks（2012）也得出了类似的结论。Reichling 和 Smetters（2015）验证了死亡风险对年金需求的影响。此外，住房财富流动性差（Pashchenko，2013）也是导致年金化水平不高的重要因素。

（三）基于个人自身偏好的理性因素

在基于理性人假设的研究中，与投资者个人自身偏好相关的因素包括风险偏好、时间折现偏好、遗赠动机、逆向选择、劳动供给与退休政策等。

1. 风险偏好

关于投资者的风险偏好对年金配置的影响，学者们的研究结果基本一致，认为风险偏好越低，即风险厌恶程度越高，投资者对年金的配置比例也越高（Mitchell et al.，1999；Brown et al.，2000；Horneff et al.，2008；Chai et al.，2011；Lockwood，2002；Horneff et al.，2015）。在理论研究模型中，可以通过分析风险厌恶系数的变化对最优年金化率的影响；Brown（2001）和 Chalmers 等（2012）则通过实证研究的方法验证了风险偏好对年金配置的影响机制。

2. 时间折现偏好

在年金化问题的理论研究模型中，投资者的时间折现偏好主要体现为折现系数。折现系数对年金配置影响的研究结果基本一致，学者们认为折现系数越高，年金配置的比例越低（Mitchell et al.，1999；Hu and Scott，2007；Cappelletti，2013）。

3. 遗赠动机

关于遗赠动机对年金化需求的影响，大部分文献的研究结果支持遗赠动机会减少年金化需求。Davidoff 等（2005）在 Yaari 的理论基础上进行了拓展研究，放宽了遗赠动机和市场完备假设后，发现全部年金化不再是最优的。Milevsky（2001）、Horneff 等（2014）、Reichling 和 Smetters（2012）、Reichling 和 Smetters（2015）也得出了类似的结论。Inkmann 等（2011）通过实证方法，证明遗赠动机是驱动个人储蓄的重要因素。Vidal-Meliá 等（2006）研究了遗赠动机对夫妻年金化需求的影响。Lockwood（2012）则通过数据模拟的方法构造了多种情景并进行了验证，认为遗赠动机是影响年金配置的重要因素。

但也有部分学者得到不同的研究结论。Hurd（1987）认为，遗赠动机对固定缴费型计划年金化领取的影响不大。

4. 逆向选择

由于信息不对称，年金市场也存在逆向选择现象。对于健康状况较好、预期寿命较长的个体来说，年金是一个较好的选择；而对于健康状况较差、预期寿命较短的个体来说，年金的价格则偏高。从参与年金人群的死亡率统计来看，参与年金人群的死亡率明显低于平均水平，这也证明了逆向选择的存在（Warshawsky，1988,；Mitchell et al.，1999；Poterba，2001；Milevsky，2001；Mitchell et al.，2002；Finkelstein and Poterba，2002；Finkelstein and Poterba，2004；Brown et al.，2008）。Mitchell 等（1999）用联合生存者年金数据，采用考虑包括了利率结构、税务安排和通货膨胀等因素的定价模型，验证了年金市场中存在的逆向选择现象。Finkelstein 等（2002）对英国个人年金市场的逆向选择现象进行了测算，自愿和强制个人年金市场均存在逆向选择现象，其中自愿个人年金市场更为严重。Turra 等（2004）研究了退休时的健康状况对年金购买的影响，发现健康状况较差的人的年金财富持有量明显少于健康状况较好的人。由于逆向选择的存在，保险公司不得不提高年金价格，这进一步缩减了年金的需求（Blake and Burrows，2001；Blake and Dowd，2006）。

5. 劳动供给与退休决策

研究劳动供给对年金水平影响的文献较少。Hagan（2015）利用瑞士职业养老金数据进行实证研究，发现退休后的劳动供给对年金配置有正向影响；Fehr 和 Habermann（2010）认为，劳动供给的弹性对年金配置有负向影响。退休时间也是影响年金配置的重要因素，一些学者通过实证研究发现，过早的退休会缩减年金化需求（Brown，2001；Chalmers et al.，2012；Hagen，2015）。

（四）行为因素

新古典经济学框架下，即使考虑了遗赠动机、替代因素、逆向选择等因素，仍然无法完美解释“年金谜题”，需要在行为经济学框架下继续挖掘其成因（Davidoff et al，2005；Brown，2009）。主要的行为影响因素有个人金融素养、心理账户、信息感知等。

1. 个人金融素养

退休的储蓄和投资决策是一个复杂过程，而年金产品也是相对复杂的金融产品，个体需要花费较高的成本来获得相关的知识，较高的学习和决策成本会阻碍年金的需求（Brown et al.，2007；Brown et al.，2011；Brown et al.，2013；Brockett et al.，2017）。例如，Banks 等（2015）通过实证研究，发现在英国私人养老金市场，金融素养（尤其是计算能力）是个体购买年金的重要影响因素。Goedde-Menke 等（2014）通过问卷调查的形式发现受访者（德国）对年金的整体认知水平较低，阻碍了财富的年金化。Brown 等（2017）发现由于消费者无法容易地评估年金价值，造成愿意买入年金的价格远低于愿意卖出的价格，从而压缩了对年金的需求。Brown 等（2021）通过问卷调查的形式发现，提高年金的复杂性可以降低受访者评估年金价值的能力。

2. 损失厌恶、主观概率和信息感知

由于个人可获得的年金总收益与个人存活时间相关，很多人会觉得购买年金是“用生命在赌博”，如果存活时间较短，则要承担较大的损失（Brown and Warshawsky，2001；Hu and Scott，2007；D’Albis et al.，2018）。O’dea（2020）通过实证数据分析，发现人们无法准确地预估自己的寿命，预估寿命经常比实际寿命短，因此影响了年金需求。Brown 等（2008）发现对相同事物的信息感知偏差或心理框架也会影响年金的需求，个体把年金视为储蓄比把年金视为投资的接受度更高。

3. 其他行为因素

还有其他行为因素影响年金需求。例如，年金购买的决策会使消费者思考死亡和预期寿命相关的问题，而有的消费者选择避免谈论或思考死亡，从而选择不购买年金（Salisbury and Nenkov，2016）。一些非理性过度自信的投资者会认为购买年金失去了控制权，他们更倾向于自己处理资产（Camerer and Lovallo，1999）。还有一些投资者因为对金融机构的不信任而不购买年金（Daya et al.，2022），甚至拖延也会影响年金需求（Brown，2020）。Han 等（2021）通过建立连续时间模型，发现有遗赠动机的决策者，当其对不确定性的厌恶达到一定程度时，对年金的需求下降为零。

三、年金化需求不足问题的解决措施和建议

寻找和探讨年金化需求不足问题的解决方案是研究和理解其影响因素的重要目标。学者们从政策、制度、产品等不同角度提出了解决措施和建议，可以分为两大类：①激励政策和制度设计；②供给侧相关的产品创新。我国年金市场发展较晚，这些解决措施和建议为我国推进发展年金市场提供了参考。

（一）提高年金化率的激励政策和制度设计

税收优惠政策：税收政策是常用的政策措施。Hagen（2015）通过实证研究证明，税收优惠政策是政府提高年金需求的重要手段。

强制年金政策：针对部分场景，监管部门可以实行强制年金政策

（Orth，2006；Pang and Warshawsky，2010；Poterba，2001；Brown，2003），或者设置最低年金化比例或金额（Cappelletti et al.，2013），可以提高整体福利水平。不过也有研究认为强制年金会损害一小部分人群的利益（Gong et al.，2008），或者说强制年金化的福利效用较小（Hosseini，2015）。Hurwitz 等（2020）通过实验研究，认为强制年金政策的效果具有不确定性。

提供年金化选项或设置默认选项：Gong 和 Webb（2008）以及 Benartzi 等（2011）建议在养老金计划中设置年金化默认选项，可以提高年金参与率。

规范年金信息披露：由于年金产品较复杂，通过规范年金产品信息披露规则，可以帮助消费者更好地理解年金产品，促进年金的购买（Goedde-Menkek et al.，2014；Banks et al.，2015；Brown et al.，2021）。

加强消费者教育：普及和加强消费者教育也是提高年金参与率的手段之一，包括金融保险知识（Brown，2007）、养老金和年金相关知识（Cappelletti et al.，2013；Goedde-Menkek et al.，2014；Brown et al.，2017；Boyer et al.，2020）、长寿风险相关知识（Wu et al.，2015）、特定产品知识（Bateman et al.，2013；Samek et al.，2022）等。

（二）供给侧相关的产品创新

1. 年金产品的创新

基于年金需求的影响因素，通过年金产品的创新可以刺激和增加年金需求（Scott et al.，2011）。

健康因素是影响年金需求的重要因素，将年金产品与长期护理产品相结合，能够减少年金造成的流动性降低以及逆选择现象，从而提高消费者的年金化行为（Murtaugh et al.，2001；Sinclair and Smetters，2004；Turra，2004；Ameriks 等，2007，2011；Davidoff，2009；Brown and Warshawsky，2013；Chen et al.，2022）。

针对传统年金产品的缺点，可以通过增加收益浮动机制或可能的赎回机制（Wang and Yang，2012）保证最低收益（Hu and Scott，2007），结合最低提款福利（GMWB）（Horneff et al.，2015）或长期护理保险 LTCI（Pang and Warshawsky，2010），增强可变年金（ALDA）（Webb et al.，2007），增加延迟机制（Milevsky，2005；Scott et al.，2007）等，与通胀结合的可变年金（Koijen et al.，2011；Konicz et al.，2015）。以上创新可以降低损失厌恶、流动性需求等因素对年金化需求的负面影响。

2. 保险公司的长寿风险管理

在老龄化背景下，保险公司同样受到长寿风险的影响。由于资本市场与长寿风险之间的低相关性，可以利用资本市场实现长寿风险的缓冲（Dowd and Blake，2006），如通过发行长寿债券来对冲长寿风险（Blake and Burrows，2001）。

四、国内相关文献

养老金是国内学者关注的重要方向，国内学者更加关注的是养老金制度建设、养老金积累、养老金缺口、多支柱建设等，如郑秉文（2016，2018，2021）、董克用（2018，2019）、董克用等（2021）、杨燕绥（2017，2019，2021）等。总的来说，国内学者的关注点主要在养老金的积累阶段，对养老资产配置和领取阶段的关注较少，这也是和我国养老金发展的当前阶段相匹配的。

国内对养老资产年金化的研究起步较晚，同时我国个人养老年金的发展仍处于起步阶段，国内的相关文献数量较少。但国内学者也注意到了年金需求不足的问题，并尝试解释其影响因素。郑秉文（2016）指出我国商业养老保险密度小，仅为 185.56 元/人，深度仅为 0.4%，商业年金的购买比例极低。陈泽和陈秉正（2018）通过实证调查方法，发现了我国企事业单位职工补充养老保险中存在“年金谜题”现象，仅 17.7%的职工中会偏好年金化的领取方式。我国学者也对“年金谜题”的解释因素进行了相关的研究。李志生和胡凯（2011）研究了遗赠动机和寿命风险对养老年金价值的影响，认为遗赠动机是造成“年金谜题”的重要因素。王晓军和单戈（2017）通过构建精算财务模型发现，消费、遗产和长寿保护之间存在“三元悖论”，将遗赠动机纳入福利框架时，全部资产年金化不再是最优的。单戈和王晓军（2018）又结合累积前景理论与传统精算模型分析年金价值，指出遗赠动机、保险成本和投资机会成本都会显著影响年金的吸引力。

使用理论模型和数值模拟的国内文献主要有关国卉等（2020）和刘广应等（2020）的研究。关国卉等（2020）使用 Epstein-Zin 效用函数，研究了在不同参数设定下，退休人员效用最大化问题，发现遗赠动机、主观预期寿命的低估、风险厌恶等因素均会给年金购买行为造成影响。刘广应等（2020）基于前景理论分析了年金的影响因素，数值模拟和实证结果发现：损失厌恶是投资者放弃购买年金的主要原因，概率扭曲进一步使年金失去吸引力，风险态度也影响年金价值。

我国学者也基于统计数据和调研数据，对年金化需求的影响因素进行了实证研究。

从宏观视角来看，秦云等（2018）对居民商业年金需求的影响因素进行实证分析发现：在人口结构变量方面，死亡率下降、老年抚养比和城镇化率提高，对居民年金需求产生正向影响；在社会保险变量方面，社会养老保险与年金需求之间存在替代效应，社会医疗保险与年金需求之间存在互补效应。

从微观视角来看，陈秉正和范宸（2020）基于中国老年人健康长寿影响因素调查（CLHLS）数据，将健康风险引入多期生命周期模型，对中国老年人的年金购买决策进行了分析。研究发现，在考虑了健康风险因素后，财富初始禀赋较低的老年人因存在预防性储蓄动机而不愿意购买年金。在引入最低生活标准和遗赠动机后发现，最低生活标准是导致财富初始禀赋较低老年人不购买年金的重要原因。周海珍和吴美芹（2020）基于清华大学 2018 年中国居民退休准备指数调研数据进行了实证分析，发现个体金融素养越高，越倾向于购买商业养老保险。

也有少量国内学者从行为金融角度进行了实证研究。万晴瑶等（2014）通过问卷调查等形式，对我国城镇居民养老金年金化需求的影响因素进行了研究，发现影响我国年金需求的主要行为因素包括较弱的保险意识和年金意识、对保险公司的不信任、储蓄的赠与动机与预防动机、对长寿风险的忽视和短视、婚姻和家庭结构等。但万晴瑶等（2014）调研的对象主要是在一二线核心城市且40岁以内的占比超过90%，调查的范围较窄，尤其是50~60岁人群占比较少。秦云（2019）用问卷调查的形式，分析了行为因素对我国商业年金需求的影响，发现主观概率、心理账户、信息感知、金融素养等行为因素会显著影响个人的商业年金消费水平，其他客观因素如性别、年龄、婚姻状况、风险态度以及收入水平等也会显著影响个人的商业年金消费水平。

五、主要研究方法总结归纳

通过总结相关文献，可以发现针对最优年金化及其影响因素的主要研究方法可以分为三种类型：理论研究、实证研究、实验研究。

理论模型研究是在一定假设的基础上，建立理论模型，进行理论推导，研究最优年金化的比例、时间、影响因素等。在理论模型的基础上，利用历史数据或者模拟数据，进行进一步的模型求解和验证。实证研究是基于统计数据的实证分析和检验，比较常见于使用统计数据研究某些因素对年金化需求的影响分析。实验研究是针对具体问题，通过调查问卷、社会学实验等形式，进行统计分析和检验，实验研究方法在进行行为学相关研究时比较多用。

以上三种类型的研究方法也经常被综合使用，如首先建立理论模型并求解，然后用实证或实验方法进行分析检验。

（一）理论模型及其研究方法

如果未来的相关指标都是已知的，那么年金化的相关问题将会非常简单。但是与年金化相关的重要指标的未来趋势都是未知的，使决策者面临多种风险，如寿命长度、通胀水平、投资收益等。从目前的文献来看，学者使用的理论模型和方法主要分为三种。

1. 建立效用函数，求效用最大化情景下的年金配置

在一定的假设基础上，建立效用函数，使效用最大化，是常用的建模研究方法。

消费—储蓄的生命周期模型假设生命的长度是未知的，比较适合研究不确定寿命下（如长寿风险）理性消费者的消费、储蓄和投资行为。此类文献起始于 Fisher（1930）和 Yaari（1965）。之后的学者从多个角度进行了模型的拓展，如整合多个模型、放宽假设条件、考虑多种影响因素等。Richard（1975）将 Merton（1971）的模型加入 Yaari 的模型中。Davidoff 等（2005）在 Yaari 的理论基础上，放宽了假设条件，考虑了遗赠动机和市场完备。Peijnenburg 等（2016）增加考虑背景风险、遗赠动机等多种影响因素。Yogo（2016）在生命周期模型的基础上，增加了健康冲击因素。

效用函数种类较多，如 Cobb-Douglas 效用函数、CRRA 效用函数、Epstein-Zin 效用函数（Epstein and Zin，1991）。根据学者考虑的效应因素不同，采用不同的效用函数，其中 CRRA 效用函数的应用较多。

2. 最小化终生破产概率

终生破产（Lifetime Ruin）概率指的是一个人在死亡前财富减少为零（或者某个最低阈值）的概率。研究方法是建立模型、求解终生破产概率最小的最优策略，包括最优投资组合、最优年金化率、最优年金化时间等。求解的方法可以输入假设数据或者统计数据，也可以使用蒙特卡洛模拟计算。

3. 风险—收益模型

风险—收益模型没有寻求效用的最大化或者风险的最小化，而是找到了衡量风险和收益的方法，在风险和收益之间寻求平衡，找到最优状态，典型的就是现代投资组合理论。使用风险—收益模型求解年金化问题的文献数量相对较少。

针对以上三种，理论模型最优解的求解一般有理论推导出解析解和使用数值方法求数值解两种方法。其中，解析解适用于有较严格的假设和模型较简单的情况，如 Yaari（1965）和 Davidoff 等（2005）认为，解析解能够得到更一般的研究结果。求解较复杂模型的解析解是理论界的难题，因此数值解方法更适用于较复杂的模型和更加具体的情景。在最优年金化问题的研究中，学者大部分使用数值法进行模型求解。

（二）实证研究相关方法

在理论分析的基础上，使用实证方法进行验证和分析年金化水平的影响因素是常用的研究方法。针对不同类型的影响因素，文献中使用不同类型的数据和不同类型的实证方法。前文对影响因素进行了分类，包括①外部环境因素；②基于个人自身条件的理性因素；③行为因素。其中，外部环境因素一般为宏观因素，一般使用统计类和交易类数据进行实证研究；基于个人自身条件的理性因素一般为微观因素，一般使用调研数据进行实证研究，调研数据可以使用已经完成的大型调研数据，也可以由作者根据研究需要设计个性化的调研问卷，收集一手数据；行为因素的研究较为复杂，有的行为因素可以使用统计类和交易类数据进行实证研究，有的行为因素则需要自行设计行为学实验收集一手数据。因此，实证研究可以利用的数据基础基本可以分为三类：①统计类数据和交易类数据；②大型调研数据；③自行设计的调研数据。

使用统计类和交易类数据的有 Brown 等（2019）、Banerjee 等（2014）、Bütler 等（2013）、Brown 等（2006）、秦云（2017）。使用大型调研数据的

有 Shu 等（2018）、Brown 等（2017）、Ai 等（2017）、Schreiber 等（2016）、Chatterjee 等（2012）、巴曙松等（2019）、邹小芃等（2019）。Hurwitz 等（2021）自行设计调研问卷，通过网络调研了以色列吸烟者（50~70 岁）的预期寿命，以研究预期寿命对年金化需求的影响。秦云等（2019）和万晴瑶等（2014）通过自行设计问卷（有效问卷回收量约 500 份），检验了影响我国养老资产年金化的行为影响因素。

（三）实验分析相关方法

一些行为影响因素需要作者设计行为学实验，进行实验分析研究。从整体文献的数量来看，占比较小。Agnew（2008）为了检验性别对年金化需求的影响，设计了一个“退休游戏”实验。首先，请参与者完成一项金融素养调查。之后，在退休游戏中，每位参与者获得 60 美元作为“退休资产”，可以配置于：①年金；②无风险资产；③模拟投资组合。在获得实验数据后，建立 Probit 模型进行数据分析。Bateman 等（2013）为约 800 名接近退休的人员设计了一个选择实验，并将实验分析结果与 CRRA 效用模型的预测结果进行对比。Brown 等（2017）利用 RAND 美国生活小组进行了网上调研，研究年金复杂性和认知水平对年金需求的影响，发现参与者愿意买入年金的价格明显低于愿意卖出年金的价格。类似地，Boyer 等（2020）建立偏好实验，检验了年金需求对价格变化的敏感性。D’Albis（2020）用实验方法检验了歧义厌恶对年金需求的影响。

本章小结

根据对过往文献的梳理，可以看到老龄化、长寿风险等是学者关注的重点问题，从 Yaari（1965）开始，学者从不同角度研究了年金化及其影响因素。

从研究的问题来看主要包括以下几类：第一类，最优年金化问题。通过设置假设条件，用理论模型和推导的方法，研究最优年金化问题。从研究结果来看，大部分学者认为年金是对抗长寿风险的最有效手段之一，应该较大比例地配置年金。在一些严格条件下，甚至应该全部年金化。第二类，年金化需求不足问题（“年金谜题”）的提出与发现。学者们比较了现实与理论的差距，并发现并探讨年金化需求不足问题，并在多个国家和地区发现了类似的现象。第三类，影响因素的研究。很多学者从多个角度研究年金化需求的影响因素，并得到了比较丰富的研究成果，影响因素可分为三大类型：外部环境与背景、个人情况与偏好、行为影响因素。

从研究方法来看，学者使用的研究方法主要包括理论研究、实证研究和实验分析。其中，理论建模推导与数值法求解主要用于对最优年金化问题的研究；在研究年金化影响因素时，主要的研究方法是基于统计数据和调研数据的实证研究；实验分析方法则多用于基于行为经济学的相关研究，目前基于实验分析方法的研究较少。

综上所述，本章对过往文献的总结如下：

第一，从研究的发展来看，从 Yaari（1965）的经典文献以来，学者从多个角度研究了年金化问题，绝大部分文献的研究结果认为，退休人员应该较大比例地配置年金，因此年金化需求不足的问题即“年金谜题”仍然存在。之后，学者们开始从不同角度去解释“年金谜题”，包括遗赠动机、健康因素、行为因素等，但目前尚未有学者能够充分地解释“年金谜题”。

第二，从理论研究的方法来看，基于效用函数的生命周期模型是应用最广泛的理论研究模型，学者们通过应用不同的效用函数和对生命周期模型的改造，拓展研究的边界。对较简单的问题，可以使用理论推导得到模型的解析解；但对比较复杂的问题，解析解的推导仍然是比较困难的，学者们更多基于经验数据或模拟数据来求解具体情景的数值解。

第三，从研究的对象来看，学者研究的主要对象是最优年金化率，对最优年金化时间的研究较少，对影响因素的研究也是以年金化率的影响因素为主。在实际操作中，最优年金化时间也是非常重要的，从目前的初步研究成果来看，一般认为立即年金化并不是最优的，最优年金化时间与初始财富、健康状态等有关系。但整体来看，对最优年金化时间的研究还不够深入，需要进一步研究。

第四，对影响因素的研究大部分是单个影响因素的研究，研究的重点包括遗赠动机、健康条件、财富水平等，多种因素的联合影响的研究较少，并未能形成系统研究。在实际情况中，影响因素是多种且综合的，需要寻找理论和实践依据，研究多种影响因素的综合影响机制。

第五，使用实证研究方法研究年金化水平影响因素时，受到数据不足问题的限制。统计数据的颗粒度较粗，难以针对某些具体的影响因素进行研究；在微观调研数据中，规模较大的微观调研数据较少；自行设计问卷调查的数据则规范性和权威性不足。

第六，从理论基础来看，行为经济学理论得到越来越多的应用，但目前基于传统经济学理论和基于行为经济学理论的研究都是相互独立的，传统经济学和行为经济学理论的融合研究较少。

第三章　个人资产最优年金化率的理论研究

本章在第一章介绍的中国养老金体系及个人资产年金化现状和第二章文献综述的基础上，根据生命周期理论，参考积极老龄化框架中“健康”“保障”“参与”三要素，构建了基于终生效用函数的理论模型，使用数值计算方法，研究了最优年金化率及其影响因素。

本章的研究结构如下：

第一节为理论模型建立，根据生命周期理论和积极老龄化框架，建立了基于终生效用函数的最优化模型；第二节为系数和变量的数值选取，根据相关文献和中国具体情况，对各参数和变量赋值；第三节为求解方法介绍，使用人工智能算法，以 MATLAB 为工具；第四节为基准情景的最优年金化率数值解求解，并得到最优年金化率曲线；第五节为不同情景下的最优年金化率数值解求解，并从理论角度研究了最优年金化率的影响因素；第六节为参数敏感性分析，研究在不同参数变化情况下最优年金化率的变化情况；第七节讨论中国是否存在“年金谜题”；最后为本章小结。

第一节　理论模型建立

本节介绍最优年金化问题初始理论模型的建立，以及在初始模型基础上调整后得到的最优年金化率的理论模型。

一、初始模型建立

（一）终生效用函数

常相对风险规避（Coefficient of Relative Risk Aversion，CRRA）效用函数是在构建生命周期模型中常用的效用函数，如 Horneff 等（2006）、Milevsky 等（2007）、Peijnenburg 等（2017）。

本书构建一个刚刚退休的投资者的生命周期模型，考虑消费和遗产，基于 CRRA 的终生效用函数。具体步骤如下：

1. 经典效用模型建立

经典 CRRA 效用函数：

$$U(C_t)=\frac{C_t^{1-\gamma}}{1-\gamma} \tag{3.1}$$

其中，C_t 是第 t 期的消费；γ 是风险厌恶系数，数值越大，风险厌恶程度越强。

则，仅考虑消费的终生效用函数：

$$U(C)=E_0\left[\sum_{t=0}^{T}\beta^t\left(\prod_{s=0}^{t}p_s\right)\frac{C_t^{1-\gamma}}{1-\gamma}\right] \tag{3.2}$$

其中，E_0 是期望因子；β 是主观折现系数；p_s 是在第 s 期存活（从第 s 期期初存活到第 s 期期末）的概率。

2. 加入遗赠动机的效用模型

第 t 期期初的剩余财富 W_t 的效用函数为：

$$U(W_t)=b\frac{W_t^{1-\gamma}}{1-\gamma} \tag{3.3}$$

其中，b 为遗产效用系数，数值越大，遗赠动机越强。W_t 为第 t 期期初的可支配资产。

则，加入遗赠动机的终生效用函数是：

$$U(C,\ W)=E_0\left\{\sum_{t=0}^{T}\beta^t\left(\prod_{s=0}^{t-1}p_s\right)\left[p_t\frac{C_t^{1-\gamma}}{1-\gamma}+\beta(1-p_t)U(W_{t+1})\right]\right\} \tag{3.4}$$

即：

$$U(C,\ W)=E_0\left\{\sum_{t=0}^{T}\beta^t\left(\prod_{s=0}^{t-1}p_s\right)\left[p_t\frac{C_t^{1-\gamma}}{1-\gamma}+\beta(1-p_t)b\frac{W_{t+1}^{1-\gamma}}{1-\gamma}\right]\right\} \tag{3.5}$$

其中，E_0 是期望因子；C_t 是第 t 期的消费；γ 是风险厌恶系数；β 是主观折现系数；p_s 是在第 s 期存活（从第 s 期期初存活到第 s 期期末）的概率；b 为遗产效用系数；W_t 为第 t 期期初的可支配资产。

（二）动态约束条件

1. 传统模型的动态约束条件

假设投资者在第 t 期期初有可支配资产 W_t，投资可以将可支配资产用于消费和资产配置，可投资的范围是年金、债券和股票。其中，年金为趸交期期初即期终身年金，一旦购买后不可赎回，同时每年均可获得年金给付，债券和股票可以在年终赎回。可以得到消费—投资（年金、债券、股票）的动态约束条件：

$$W_t+Y_t=A_t+B_t+S_t+C_t \tag{3.6}$$

$$W_{t+1}=(W_t+Y_t-A_t-C_t)[1+R_{Bt}+(R_{St}-R_{Bt})\omega_t] \tag{3.7}$$

其中，W_t 为第 t 期期初的可支配资产；A_t 为第 t 期期初购买年金的量；C_t 为第 t 期的消费；B_t 为第 t 期期初投资债券的量；C_t 为第 t 期期初投资股票的量；R_{Bt} 为债券的收益率；R_{St} 为股票的收益率；ω_t 为股票资产占可撤回投资资产（股票+债券）的比例；Y_t 为第 t 期期初获得的年金给付。

数值范围：

W_t，A_t，C_t，B_t，R_{Bt}，R_{st}，$Y_t \geqslant 0$，$A_t \leqslant W_t$

$0 \leqslant \omega_t \leqslant 1$

2. 参考积极老龄化的动态约束条件

参考积极老龄化理论的“健康”“参与”“保障”三支柱，这里将健康支出 H_t、退休后劳动收入 L_t、社会养老金收入 P_t 三个变量加入约束条件，其中退休后劳动收入的设定参考 Chai 等（2011），得到参考积极老龄化理论的动态约束条件：

$$W_t+Y_t=A_t+B_t+S_t+C_t+H_t \tag{3.8}$$

$$W_{t+1}=(W_t+Y_t-A_t-H_t-C_t)[1+R_{Bt}+(R_{St}-R_{Bt})\omega_t]+L_t+P_t \tag{3.9}$$

其中，W_t 为第 t 期期初的可支配资产；A_t 为第 t 期期初购买年金的量；H_t 为第 t 期的健康费用支出；C_t 为第 t 期的消费；B_t 为第 t 期期初投资债券的量；S_t 为第 t 期期初投资股票的量；R_{Bt} 为债券的收益率；R_{St} 为股票的收益率；ω_t 为股票资产占风险资产（股票+债券）的比例；Y_t 为第 t 期期初获得的年金给付；P_t 为第 t 期期初获得的公共养老金给付；L_t 为第 t 期期末获得的劳动收入。

数值范围：

W_t，A_t，H_t，C_t，B_t，R_{Bt}，R_{st}，Y_t，P_t，$L_t \geqslant 0$，$A_t \leqslant W_t$

$0 \leqslant \omega_t \leqslant 1$

（三）初始模型建立

综合终生效用函数、动态约束条件，可以得到以终生效用最大化为目标的初始理论模型：

$$\max U(C,\ W) \tag{3.10}$$

即：

$$\max E_0\left\{\sum_{t=0}^{T}\beta^t\left(\prod_{s=0}^{t-1}p_s\right)\left[p_t\frac{C_t^{1-\gamma}}{1-\gamma}+\beta(1-p_t)b\frac{W_{t+1}^{1-\gamma}}{1-\gamma}\right]\right\} \tag{3.11}$$

动态约束条件：

$$W_t+Y_t=A_t+B_t+S_t+C_t+H_t \tag{3.12}$$

$$W_{t+1}=(W_t+Y_t-A_t-H_t-C_t)(1+R_{Bt}+(R_{St}-R_{Bt})\omega_t)+L_t+P_t \tag{3.13}$$

其中：

W_t，A_t，H_t，C_t，B_t，R_{Bt}，R_{st}，Y_t，$L_t \geqslant 0$，$A_t \leqslant W_t$

$0 \leqslant \omega_t \leqslant 1$

（四）重要变量表达式

1. 年金相关：年金收入、年金化率、年金价格等

参考 Ai 等（2017），假设投资者购买的是趸交期期初即期终身年金。

当精算公平时，其年金因子（期初给付 1 元的即期终身年金保费）为：

$$a_t=\sum_{n=t}^{T}(1+R_f)^{-(n-t)}\prod_{s=t}^{n}p_s \tag{3.14}$$

其中，a_t 为第 t 期期初购买的终身年金因子；R_f 是年金定价利率/无风险利率/零息债券利率；p_s 是一年存活概率；T 为预期生存年限。

当存在附加费用时，年金因子的表达式为：

$$a_t=(1+\delta)\sum_{n=t}^{T}(1+R_f)^{-(n-t)}\prod_{s=t}^{n}p_s \tag{3.15}$$

其中，δ 是附加费率。

年金购买量是 A_t，则当期期初购买年金带来的年金给付 y_t 的表达式为：

$$y_t=\frac{A_t}{a_t} \tag{3.16}$$

则，第 $t+1$ 期期初获得的全部年金给付 Y_{t+1} 的表达式为：

$$Y_{t+1}=Y_t+y_{t+1} \tag{3.17}$$

即：

$$Y_t = \sum_{n=0}^{t} \frac{A_n}{a_n} \tag{3.18}$$

2. 健康医疗支出

健康医疗支出是健康状态的函数，健康支出 H_t 表示为：

$$H_t = H(S_t) R_H^t \tag{3.19}$$

其中，$H(S_t)$ 为 S_t 状态下的基本医疗支出，R_H^t 为医疗费用增长率。

3. 退休后劳动收入

退休后劳动收入是健康状态的函数，退休后劳动收入 L_t 表示为：

$$L_t = L(S_t) R_L^t \tag{3.20}$$

其中，$L(S_t)$ 为 S_t 状态下的退休后劳动收入基数，R_L^t 为增长率。

二、最优年金化率的理论模型建立

为了方便研究，本节在初始理论模型的基础上，对部分条件进行了调整，得到用于求解最优年金化率的最优化模型。

假设投资者在退休后立即进行年金化，即 $t=0$ 期期初进行年金化，且只进行这一次年金化操作，缴费形式为趸缴。即，当 $t=0$ 时，$A_t \geqslant 0$；当 $t \geqslant 1$ 时，$A_t = 0$。在现实中，对于退休者来说，个人资产年金化是非常重要的资产配置决策，因此，年金化操作的次数一般不会很频繁；另外，从缴费形式来看，不管是分期缴费和趸交，一般均从退休后才开始领取。因此本书这里的假设具有现实基础。

另外，为了方便研究，风险资产中不再区分股票和债券，用 B_t 表示对风险资产的配置。

基于上述假设，年金化率 r 可表达为：

$$r = \frac{A_0}{W_0} \tag{3.21}$$

则年金给付可表达为：

$$Y=\frac{A_0}{a_0}=\frac{rW_0}{\left[(1+\delta)\sum_{n=0}^{T}(1+R_f)^{-n}\prod_{s=0}^{n}p_s\right]} \tag{3.22}$$

最优化问题的模型表达可调整为：

$$\max U(C,\ W) \tag{3.23}$$

即：

$$\max E_0\left\{\sum_{t=0}^{T}\beta^t\left(\prod_{s=0}^{t-1}p_s\right)\left[p_t\frac{C_t^{1-\gamma}}{1-\gamma}+\beta(1-p_t)b\frac{W_{t+1}^{1-\gamma}}{1-\gamma}\right]\right\} \tag{3.24}$$

约束条件：

$$W_t+Y=A_t+B_t+C_t+H_t \tag{3.25}$$

$$W_{t+1}=(W_t+Y-A_t-H_t-C_t)(1+R_{Bt})+L_t+P_t \tag{3.26}$$

其中，E_0 是期望因子；C_t 是第 t 期的消费；γ 是风险厌恶系数，数值越大，风险厌恶程度越高；β 是主观折现系数，数值范围是 0~1，越接近于 1，折现程度越小；p_s 是在第 s 期存活（从第 s 期期初存活到第 s 期期末）的概率；b 为遗产效用系数，数值越大，遗赠动机越强；W_t 为第 t 期期初的可支配资产；A_t 为第 t 期期初购买年金的量；H_t 为第 t 期的健康费用支出；C_t 为第 t 期的消费；B_t 为第 t 期期初投资风险资产的量；R_{Bt} 为第 t 期风险资产的收益率；Y 为第 t 期期初获得的年金给付；P_t 为第 t 期期初获得的社会养老金；L_t 为第 t 期期末获得的劳动收入。

且 W_t、A_t、H_t、C_t、B_t、R_{Bt}、Y、P_t、$L_t \geqslant 0$，$A_t \leqslant W_t$。

当 $t \geqslant 1$ 时，$A_t=0$。

根据 Horneff 等（2008），此类模型中劳动收入不可交易，年金产品不可赎回且不可卖空，这类最优化模型不存在解析解，因此本书使用数值解方法进行研究和讨论。

本章求解的目标是得到各种情景下不同初始财富情况下的最优年金化率 r^*，即在终生效用最大化时，年金购买量和初始财富的比例。本章参考

Ai 等（2017）和陈秉正等（2020），将不同初始财富情况下的最优年金化率 r^* 的求解结果绘制成二维的最优年金化率曲线，其中横轴是初始财富 W_0，纵轴是最优年金化率 r^*。每一个不同的情景，可以得到一个特定情景下的最优年金化率曲线。

因此，最优年金化率 r^* 可以表达为，在特定情景 S 下，初始可支配财富 W_0 的函数：

$$r^* = \underset{r}{\mathrm{argmax}} U_S(W_0) \tag{3.27}$$

其中，$S=S(p_s,\ R_{Bt};\ \gamma,\ \beta,\ b;\ H_t,\ P_t,\ L_t)$。

最优年金化率 r^* 由初始可支配财富 W_0 和情景 S 决定；情景 S 由各种参数和影响因子决定，其中参数和影响因子可以分为三类：①外部因素，包括宏观因素和背景因素等（这里的 p_s，R_{Bt}）；②个人偏好因素（这里的 γ，β，b）；③个人情况因素（这里的 H_t，P_t，L_t）。

第二节　系数和变量的数值选取

结合我国实际国情和国内外文献，本节对第一节中的主要系数和变量进行赋值（见表 3-1），为后续数值法求解做好准备。

表 3-1　系数和变量的数值选取

系数/变量	符号	基准情景
生存年限	T	0~45 岁，60 岁退休，存活年限为 105 岁
风险厌恶系数	γ	2
主观贴现因子	β	0.98
遗产效用系数	b	2

续表

系数/变量	符号	基准情景
年金定价利率	R_f	2.5%
风险资产收益率	R_r	3.5%
初始财富	W_0	0~300 万元
年金因子	a_0	在精算公平的条件下（无附加费用），计算得到： 男性年金因子为 18.23，女性年金因子为 26.14
医疗费用支出	H	根据健康状态和初始医疗费用支出计算
退休后劳动收入	L	根据健康状态和初始退休后劳动收入计算
基本养老金收入（年）	P	根据高、中、低三档（6 万元、2.4 万元、1 万元）计算

资料来源：笔者设定或计算。

一、退休年龄与最长寿命

我国当前的退休政策对不同情况的退休年龄做了相关规定，其中男性和女性的退休年龄不同。为了简化研究条件，本书假设该投资者的退休年龄为满 60 岁。

本书参考原保监会公布的最新生命表，最长寿命为 105 岁。

因此，本书假设投资者在满 60 岁（t=0）时退休，最长寿命为 105 岁，则 T=105-60=45。这里和关国卉等（2020）的设置相同。

二、相关系数取值

徐舒和赵绍阳（2017）认为我国非公务员的相对风险厌恶系数为 1.959；Song（2011）认为中国的相对风险厌恶系数为 2；本书将相对风险厌恶系数取值为 2，即 $\gamma=2$。

陈秉正等（2020）考虑到我国居民储蓄率较高，注重未来消费，将主观贴现因子取值为 0.99；Ameriks 等（2011）和 Ai 等（2017）将主观贴现因子取值为 0.97；本书将主观贴现因子取值为 0.98，即 $\beta=0.98$。

Horneff 等（2008）设定个人有适度遗赠动机时的遗产效用系数为 1.5；徐舒和赵绍阳（2017）、陈秉正等（2020）认为我国居民的遗赠动机强度较高，将遗产效用系数设定为 2；本书设定遗产效用系数为 2，即 $b=2$。

基础情景时，假设年金价格是精算公平的，即附加费率为 0。

参考国内保险业相关政策以及陈秉正等（2020），设定年金定价利率为 2.5%；

在基准情景中，风险资产配置不再区分债券和股票，这里假设投资者投资风险资产的收益率为 3.5%。

综上所述，在基准情景下，各系数的赋值为：

相对风险厌恶系数：$\gamma=2$

主观贴现因子：$\beta=0.98$

遗产效用系数：$b=2$

无风险利率/年金定价利率：$R_f=2.5\%$

风险资产收益率：$R_r=3.5\%$

年金附加费率：$\delta=0$

初始财富：W_0 的范围为 0~300 万元

三、年金因子的计算

根据第一节的内容，期初给付 1 元的即期终身年金保费的年金产品，在精算公平条件下，年金因子的计算公式为：

$$a_t = \sum_{n=t}^{T} (1 + R_f)^{-(n-t)} \prod_{s=t}^{n} p_s \tag{3.28}$$

其中，a_t 为第 t 期期初购买的终身年金因子；R_f 是年金定价利率/无风险利率/零息债券利率；p_s 是一年存活概率；T 为预期生存年限。

增加附加费用的即期终身年金因子的表达：

$$a_t = (1 + \delta) \sum_{n=t}^{T} (1 + R_f)^{-(n-t)} \prod_{s=t}^{n} p_s \tag{3.29}$$

其中，δ 是附加费率。

年金购买量是 A_t，则当期期初购买年金带来的年金给付 y_t 的表达式为：

$$y_t = \frac{A_t}{a_t} \tag{3.30}$$

则，第 $t+1$ 期期初获得的全部年金给付 Y_{t+1} 的表达式为：

$$Y_{t+1} = Y_t + y_{t+1} \tag{3.31}$$

即：

$$Y_t = \sum_{n=0}^{t} \frac{A_n}{a_n} \tag{3.32}$$

本章假设，投资者只在 $t=0$ 时购买年金，年金化率 r 可表达为：

$$r = \frac{A}{W_0} \tag{3.33}$$

则，年金给付可表达为：

$$Y = \frac{rW_0}{\left[(1+\delta)\sum_{n=t}^{T}(1+R_f)^{-(n-t)}\prod_{s=t}^{n}p_s\right]} \tag{3.34}$$

这里生存概率的数据依据是《中国人身保险业经验生命表（2010—2013）》中养老产品的数据，参考前文的相关系数取值，无风险利率/年金定价利率：$R_f=2.5\%$，$T=45$。

在精算公平的条件下（无附加费用），可以计算得到，男性年金因子为 18.23。

四、健康状态评估与医疗费用支出

由于健康医疗支出与健康状态相关联，对健康医疗支出赋值，需要基于不同的健康状态，并估计健康状态转移概率。本章参考高瑗等（2020）的数据来对健康医疗支出进行赋值。高瑗等（2020）的计算依据是 CHARLS 数据，符合我国国情。

（一）健康状态评估

Ameriks 等（2011）和 Ai 等（2017）将退休者的健康状态分成四个类型，分别是：健康、不健康不需要长期照护、不健康需要长期照护、死亡。陈秉正等（2020）也将退休者的健康状态分成四个类型，分别是：健康、轻度失能、重度失能、死亡。高瑗等（2020）将老年人的健康状态分成四个类型，分别是：健康、轻度失能、中度失能、重度失能。

本书参考高瑗等（2020）依据 CHARLS 数据估算的健康状态转换概率矩阵，具体如下（见表 3-2）：

表 3-2 健康状态转移矩阵

状态	状态 1：健康	状态 2：轻度失能	状态 3：中度失能	状态 4：重度失能
状态 1：健康	0.82	0.16	0.01	0
状态 2：轻度失能	0.52	0.43	0.04	0.01
状态 3：中度失能	0.16	0.38	0.26	0.20
状态 4：重度失能	0	0	0.31	0.68

资料来源：高瑗等（2020）。

另外，本成果参考（Ai et al.，2017）的设定，假设投资者在刚退休时为健康状态，即投资者 60 岁（$t=0$）时，为健康状态。

（二）医疗费用支出

参考高瑗等（2020）的估算，并根据生命表数据调整死亡率，并考虑 5%的增长率，得到健康医疗支出数据。四种健康状态的初始健康医疗支出分别是 2906.52 元/年、5204.04 元/年、14495.88 元/年、15967.44 元/年。

五、退休后劳动收入

郑爱文和蒋选（2020）梳理了老年劳动力供给的相关文献，其中健康因素是退休后劳动供给的重要影响因素。因此本书假设，退休后的劳动供给仅在健康老龄期存在，初始退休后劳动收入为 2.4 万元/年，增长率为通货膨胀率，本书假设与无风险资产收益率相同，为 2.5%。

六、基本养老金收入

我国已经建立了覆盖超过 10 亿人口的基本养老保险制度，但是基本养老金收入水平在不同区域和城乡之间的差距较大。根据人力资源和社会保障部公布的数据，2021 年我国企业退休人员月人均养老金为 2987 元。考虑到不同省份、城乡差距，基本养老金收入水平会有较大差距，为了研究不同水平基本养老金的情况，本成果设置高、中、低三档初始基本养老金收入（年），分别是 6 万元、2.4 万元、1 万元。基本养老金收入的增长率为通货膨胀率，本成果假设与无风险资产收益率相同，为 2.5%。

第三节　求解方法

本书以 MATLAB 为工具，使用遗传算法对模型数值解进行求解，这里介绍遗传算法的基本概念、操作步骤和特点。具体的求解代码请见附件一。

一、遗传算法的简介

遗传算法（Genetic Algorithm，GA）是一种用于解决最优化问题的搜索启发式人工智能算法，是进化计算（Evolutionary Computation，EC）的一个分支。1968 年，Bagley 最早提出了遗传算法的思想和概念；1975 年，Holland 系统地阐述了遗传算法的基本原理和方法；1989 年，Goldberg 的专著出版标志着遗传算法的系统成型。

遗传算法根据自然界“优胜劣汰、适者生存”的规律，种群中个体的遗传基因（染色体）通过遗传进化筛选（选择、交叉、变异）产生新的遗传基因，其中适应度更高的个体保留下来，经过重复迭代，使种群不断得到优化，最终得到目标问题的最优解。

二、遗传算法的操作步骤

遗传算法是一种全局启发式搜索算法，使用遗传算法对模型进行求解时，首选从一个初始状态开始，设置适应度函数后，之后进行多次的遗传进化筛选（选择、交叉、变异）得到最优解。具体的操作步骤为（见图 3-1）：

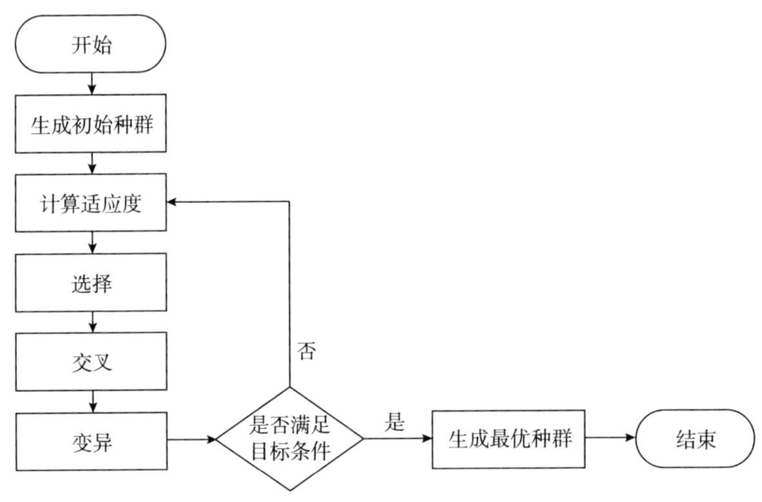

图 3-1　遗传算法流程

资料来源：笔者总结。

（1）确定初始种群。初始种群的设置会影响最优解的质量和计算的速度，一般的初始种群数量选择为 30~200。若种群数量太小，容易影响最优解的质量，过早的收敛，无法得到全局最优解；若种群数量太大，使计算求解的计算量过大，影响求解的速度。本书选取的初始种群数量为 100。

（2）计算适应度。适应度函数是计算个体适应能力的函数，适应度更高的个体能够留存下来。一般的适应度函数根据目标函数调整得到。本书中设定适应度函数为目标函数的倒数，将最大值问题转化为最小值问题。

（3）选择。遗传算法通过适应度函数，计算适应度值，选择适应度更大的个体，进行种群迭代，更多优秀的基因遗传到下一代可以得到适应度更大的种群，从而更接近最优解。

（4）交叉。交叉又称重组，交叉通过模拟个体的染色体交叉替换部分基因，从而产生新的个体。交叉产生的新个体继承了父辈的部分特征。

（5）变异。变异的作用与交叉的功能类似，也是产生新的子代个体。变异是在原有染色体基础上，有一定小的比例发生了变异，生成了新的子代个体。

三、遗传算法的特点

1. 遗传算法的优点

（1）遗传算法的搜索与问题的领域无关，使用基于概率的搜索方向，应用领域广泛。

（2）遗传算法对函数的连续性和是否可导没有要求，能够求解比较复杂的优化问题。

（3）遗传算法使用适应度大小来决定个体选择，操作过程简单。

（4）遗传算法能够与其他算法结合。

2. 遗传算法的缺点

（1）遗传算法是随机的启发式算法，计算结果存在一定的波动性。

（2）遗传算法是全局搜索算法，计算耗时较多，需要强大的算力资源。

（3）遗传算法的局部搜索能力较差，并容易产生过早收敛的问题。

本书充分利用遗传算法操作简单、能够求解复杂问题的优点，并针对其结果波动性的缺点进行了拟合与平滑处理。

第四节　基准情景下的最优年金化率数值解求解

根据第一节模型建立，最优年金化率 r^* 可以表达为，在特定情景 S 下，初始可支配财富 W_0 的函数。本节求解多个情景下的最优年金化率曲线，并进行参数敏感性分析，以研究多种情景下的最优年金化率水平及其各类影响因素。

根据 Ai 等（2017）和陈秉正等（2020），男性比女性的最优年金化率略低，但相差较小，且曲线走势类似，因此本书这里仅分析男性的最优年金化率曲线。

根据前文的系数和变量赋值，这里得到一个基准情景，并得到基准情景下的最优年金化率（见表 3-3）。

表 3-3　基准情景参数

系数/变量	符号	基准情景
初始财富	W_0	0~300 万元
生存年限	T	0~45 岁，60 岁退休，存活年限为 105 岁
风险厌恶系数	γ	2
主观贴现因子	β	0.98
遗产效用系数	b	2
年金定价利率	R_f	2.5%
风险资产收益率	R_r	3.5%
初始财富	W_0	0~300 万元
年金因子	a_0	在精算公平的条件下（无附加费用），计算得到： 男性年金因子为 18.23
医疗费用支出	H	根据健康状态和初始医疗费用支出计算

续表

系数/变量	符号	基准情景
退休后劳动收入	L	根据健康状态和初始退休后劳动收入计算
基本养老金收入（年）	P	根据中档（2.4万元）计算

资料来源：笔者设定或计算。

本书得到基准情景下，对应初始财富 W_0 从 0~300 万元范围的最优年金化率（见图 3-2）。

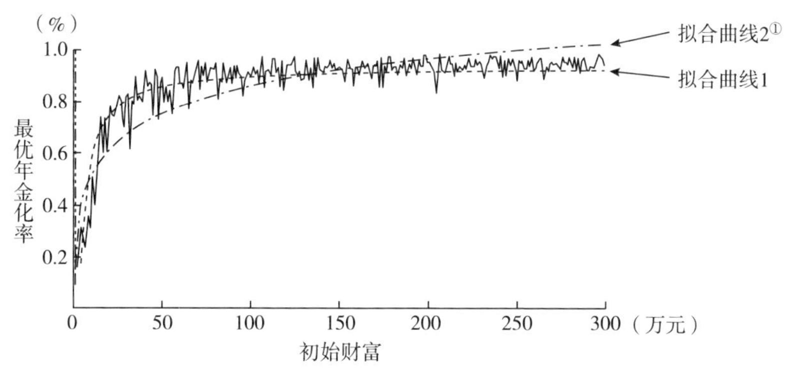

图 3-2　最优年金化率曲线——基准情景

资料来源：笔者计算。

其中，波动的曲线为原始数据，当初始财富 W_0 很低时，最优年金化率也很低，这也符合 Kim 等（2020）的研究结果，年金化有一定的财富门槛要求。当 W_0 超过 50 万元时，最优年金化率基本收敛在 80%~95%，这也印证了 Yaari（1965）和 Davidoff 等（2005）的研究，即当考虑遗产效用时，最优年金化率不再是 100%。这说明，在基准情景下，当初始财富超过 50 万

① 曲线 2 为使用对数函数拟合的结果，可以看到采用降低变量维度的方法（拟合曲线 1）的拟合效果更优。

元时，我国退休者应该将超过 80%的个人资产年金化，才能达到终生效用的最大化。这一结果和 Ai 等（2017）的研究结果相似，当初始财富达到一定程度时，最优年金化率保持在一个相当高的水平。如前文所述，中国个人养老金发展仍处于起步阶段，当前的个人资产年金化水平极低，因此，可以说明“年金谜题”现象在中国也存在。这一结果和郑秉文（2016）的研究结果一致。

由于遗传算法的局限性，本章得出的最优年金化率原始数据存在一定的随机波动性，为了更好地体现最优年金化率的数值范围和趋势，采用降低变量维度的方法对曲线进行拟合。图 3-2 中曲线 1 为拟合后的结果，可以看到，拟合后的曲线较好地体现了最优年金化率随着初始财富增加的数值范围和变化趋势。因此，为了更好地体现最优年金化率曲线的变化，在本章的其他情景中，使用拟合后的曲线进行比较。

第五节　不同情景下的最优年金化率数值解求解

一、多种情景构建

基于积极老龄化理论中“健康”“保障”“参与”三支柱，结合第三章对我国养老保障和医疗保障现状的分析，本书这里根据不同的健康（健康状态）、保障（社会保障）、参与（退休后劳动收入）情况，构造了多个情景，来分析不同情景下的最优年金化率。

健康状态分为健康状态良好和健康状态较差两个情景。当居民健康状态良好时，居民拥有较长的预期寿命，较低或中等的医疗费用支出水平；当居民健康状态较差时，居民拥有较短的预期寿命，较高的医疗费用支出水平。社会养老保障水平影响居民退休后的社会基本养老金收入。关于退休后劳动收入的模拟，本书假设只有在健康状态下才可以有退休后劳动收入。假设健康状态良好的情景下，居民在健康状态下有退休后劳动收入；假设健康状态较差的情景下，居民没有退休后劳动收入。

根据不同的健康状态、医疗费用水平、退休后劳动收入，可得到四个不同的情景；根据不同的社会养老保障水平，可以分为高、中、低、无四档社会基本养老金收入情况（见表3-4）。

表3-4　不同情景设定

情景	健康状态	医疗费用水平	退休后劳动
情景一	好	低，0.5＊Ht	有/无
情景二	好	高，1＊Ht	有/无
情景三	差	低，1＊Ht	无
情景四	差	高，1.5＊Ht	无
情景五	高、中、低、无四档社会基本养老金收入		

资料来源：笔者设定。

二、不同情景下的最优年金化率分析

（一）情景一：健康状态好，医疗费用水平低，退休劳动多或退休劳动少

在此情景下，居民拥有良好的健康状态和较低的医疗费用水平，因此居民有较长的预期寿命和较低水平的个人医疗费用支出。情景一中，居民生存概率沿用基准情景，个人医疗费用支出为基准情景的1/2。

退休劳动收入分为两种情况：一种是有退休劳动收入的，沿用基准情景数据；另一种是无退休劳动收入的（见图3-3）。

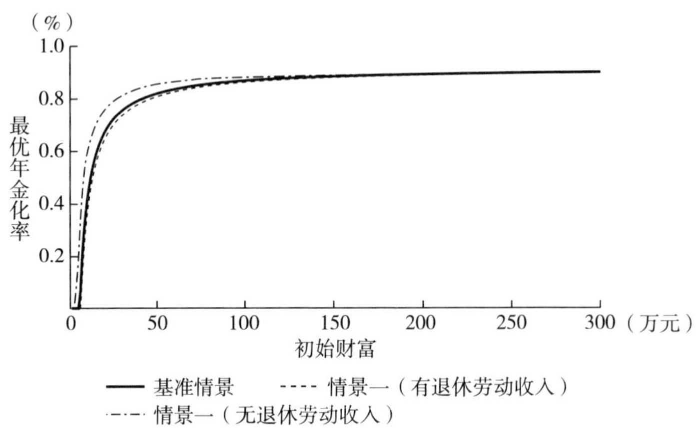

图 3-3　最优年金化率曲线——情景一

资料来源：笔者计算。

从图 3-3 中可以看出，在情景一（有退休劳动收入）中，最优年金化率曲线较基准情景向下移动，即良好的健康状态和较低的医疗费用水平，带来的医疗费用支出的减少，能够降低最优年金化率。在情景一（无退休劳动收入）中，最优年金化率曲线较基准情景向左上方移动。这说明，在没有退休后劳动收入的情况下，最优年金化率上升。

（二）情景二：健康状态好，医疗费用水平高，退休劳动多或退休劳动少

在此情景下，居民拥有良好的健康状态和较高的医疗费用水平，因此居民有较长的预期寿命和一般水平的个人医疗费用支出。在情景二中，各项数据沿用基准情景数据。与情景一类似，这里退休劳动收入分为两种情况：一种是有退休劳动收入的，沿用基准情景数据；另一种是无退休劳动收入的（见图 3-4）。

情景二与基准情景数据相同，分为有退休劳动收入和无退休劳动收入两种情况。可以看到，退休劳动收入对最优年金化率产生了负向影响，即在没有退休劳动收入的情况下，最优年金化率更高。

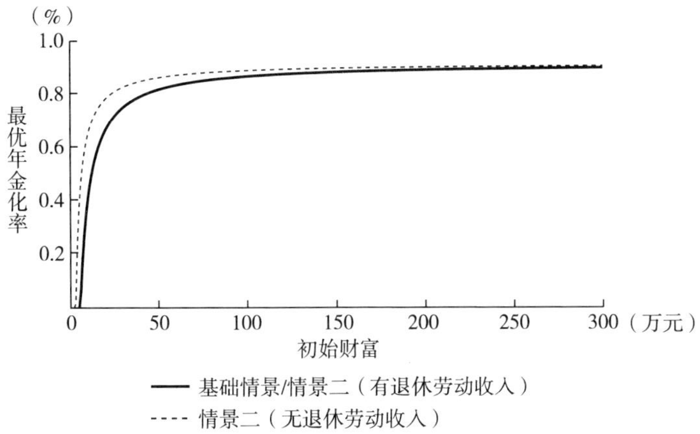

图 3-4　最优年金化率曲线——情景二

资料来源：笔者计算。

（三）情景三：健康状态差，医疗费用水平低，退休劳动少

在此情景下，居民拥有较差的健康状态和较低的医疗费用水平，因此居民有较短的预期寿命，居民总体医疗费用支出增加，但考虑到有较低的医疗费用水平，居民个人需要支付的医疗健康费用处于一般水平。在情景三中，居民生存概率数据使用个人生命表中非养老生命表数据（见图 3-5）。

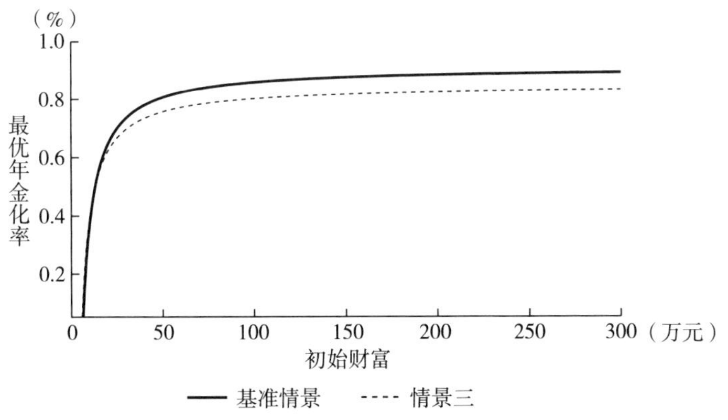

图 3-5　最优年金化率曲线——情景三

资料来源：笔者计算。

可以看到，情景三中，相对于基准情景，最优年金化率水平有所下降，这说明健康状态下降会减少居民的年金化需求。这和历史文献的研究结果一致。

（四）情景四：健康状态差，医疗费用水平高，退休劳动少

在此情景下，居民拥有较差的健康状态和较高的医疗费用水平，因此居民有较短的预期寿命，居民总体医疗费用支出较高，且考虑到较高的医疗费用水平，居民个人需要支付的医疗健康费用较高。情景四中，居民生存概率数据使用个人生命表中非养老生命表数据，这一设定可以模拟年金市场中存在的逆向选择现象，个人医疗费用支出数据为基准情景的 1.5 倍。考虑到居民健康状态较差，假设退休后劳动收入为零（见图 3-6）。

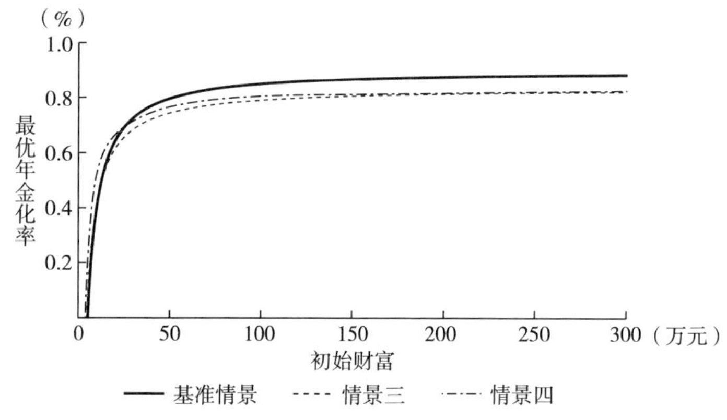

图 3-6 最优年金化率曲线——情景四

资料来源：笔者计算。

可以看到，在情景四中，相对于基准情景，最优年金化率水平有所下降，这说明健康状态下降会减少居民的年金化需求。同时由于个人医疗费用支出，使情景四的最优年金化率比情景三中略有提高。

（五）情景五：不同社会基本养老金水平

此情景是在基准情景的情况下，考虑不同社会基本养老金水平的情景。综合考虑我国各地区社会基本养老金保障水平，在高、中、低三档的基础上，增加无社会基本养老金的情况。

本书设置高、中、低、无四档初始基本养老金收入（年），分别是 6 万元、2.4 万元、1 万元、0 元。

可以看到，社会基本养老金水平对最优年金化率有负向影响（见图 3-7）。

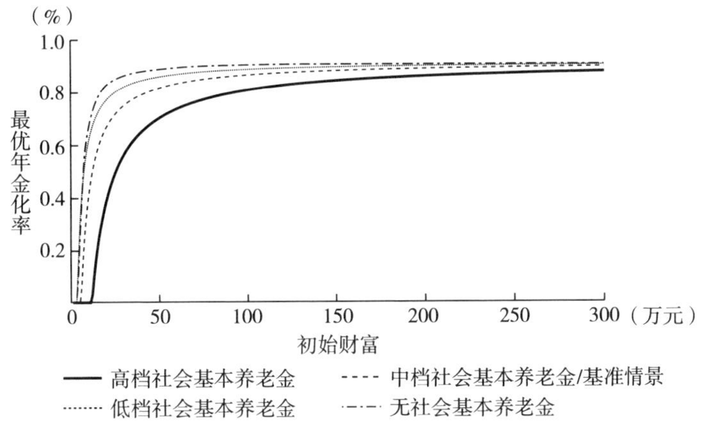

图 3-7　最优年金化率曲线——情景五

资料来源：笔者计算。

（六）几种情景的比较分析

根据上述五种情景的计算结果可以看出：

在情景一中，退休者拥有良好的健康状态和较低的医疗费用水平，最优年金化率较高；在情景二中，退休者拥有良好的健康状态和较高的医疗费用水平，最优年金化率最高；在情景三和情景四中，退休者拥有较差的健康状态，最优年金化率进一步下降；在情景五中，社会基本养老金较低的退休者，最优年金化率水平更高。

根据上述情景的计算结果，本书总结出健康状态、社会养老保障水平、退休劳动收入对最优年金化率的影响：

首先，健康状态对最优年金化率有综合且显著的正向影响。健康状态通过多种因素影响最优年金化率：健康状态对生存概率产生影响，生存概率对最优年金化率有显著的正向影响。健康状态越好，生存概率越高，最优年金化率也越高；健康状态对医疗费用支出产生影响，健康状态较差的退休者需要支付更多的医疗费用支出；健康状态对退休后劳动收入产生影响，健康状态较差的退休者进行劳动的时间更短，退休后劳动收入更少。

其次，社会养老保障水平对最优年金化率有负向影响，即社会基本养老金水平对最优年金化率有负向影响。本书认为其影响机制包括了财富效用和替代效用：第一，财富效用，社会基本养老金能够增加退休者的整体财富水平，对最优年金化率有正向影响；第二，替代效用，社会基本养老金与年金给付存在替代效用，对最优年金化率有负向影响。从数据模拟计算结果来看，财富效用和替代效用的总影响是负向的。另外，社会基本养老金本身是年金化支付的，即以退休者生存为支付条件。若把社会基本养老金财富看作是居民初始财富的一部分的话，社会基本养老金在居民资产中占据了一定的比例。因此，社会基本养老金的变化对最优年金化率的影响比退休劳动收入的影响更加显著。

最后，退休劳动收入对最优年金化率有负向影响。与社会基本养老金类似，退休劳动收入对最优年金化率的影响有两个方面：第一，财富效用，退休劳动收入能够增加退休者的整体财富水平，对最优年金化率有正向影响；第二，替代效用，退休劳动收入与年金给付存在替代效用，对最优年金化率有负向影响。从数据模拟计算结果来看，替代效用的影响大于财富效用的影响。

此外，医疗费用支出水平对最优年金化率有正向影响。医疗费用支出对最优年金化率的影响与社会基本养老金和退休劳动收入的影响有类似的机制，但影响方向相反。社会医疗保障对医疗费用的影响有两个方面：从医疗费用总额的角度来看，良好的社会医疗保障能够减少居民的医疗费用支出，这时与社会养老保障类似，社会医疗保障有财富效应和替代效应两种影响机制，财富效应增加年金化水平，替代效应减少年金化水平；从健康风险带来的医疗费用冲击的角度来看，良好的社会医疗保障能够缓解突然的医疗费用冲击，降低居民预防性储蓄，从而增加年金化水平。在本章的模型中，仅从医疗费用总的角度对社会医疗保障进行了模拟和研究。在以往的文献中，综合考虑社会医疗保障对年金化水平的影响，一般认为社会医疗保障能够降低居民预防性储蓄，从而增加年金化水平。

第六节　参数敏感性分析

本节在第四节基础情景的最优年金化率结果的基础上，进行参数敏感性分析和讨论。首先分析各系数变化的情况下的稳健性，包括主观折现系数、风险厌恶系数、遗赠动机等；其次分析延迟退休情况。

一、常规参数的敏感性分析

这里为了检验各系数变化的稳健性，对各系数重新赋值，观察得出的最优年金化率的变化情况（见表3-5、图3-8、图3-9、图3-10、图3-11）。

表3-5　参数敏感性设定

参数	原始数据	对比1	对比2
遗产效用系数 b	2	1	5

续表

参数	原始数据	对比 1	对比 2
风险厌恶系数 γ	2	1.5	4
主观贴现因子 β	0.98	0.96	0.99
风险资产收益率 R_r	0.035	0.025	0.05

资料来源：笔者设定。

具体求解的结果如下：

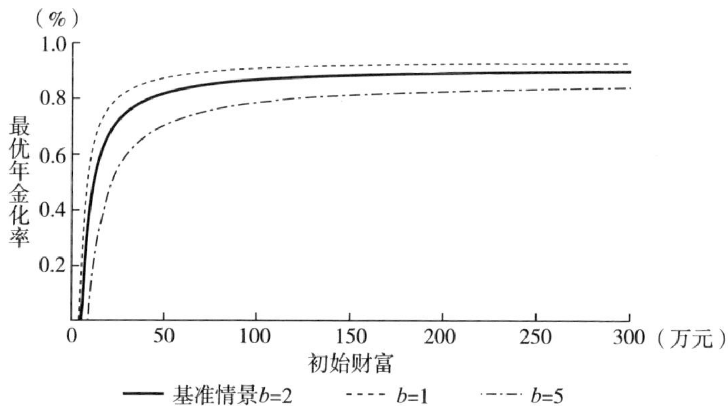

图 3-8　最优年金化率参数敏感性分析——遗产效用系数

资料来源：笔者计算。

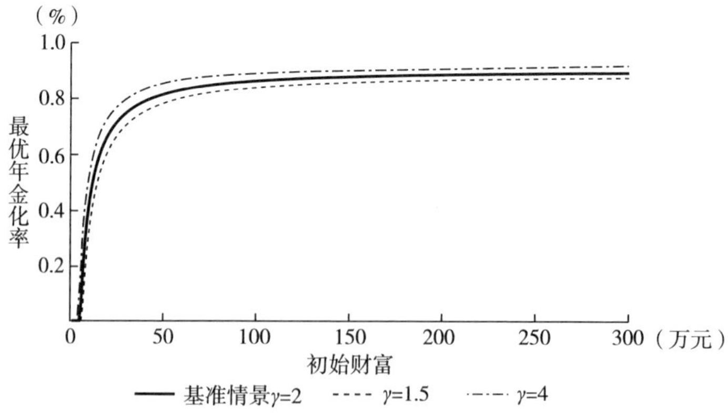

图 3-9　最优年金化率参数敏感性分析——风险厌恶系数

资料来源：笔者计算。

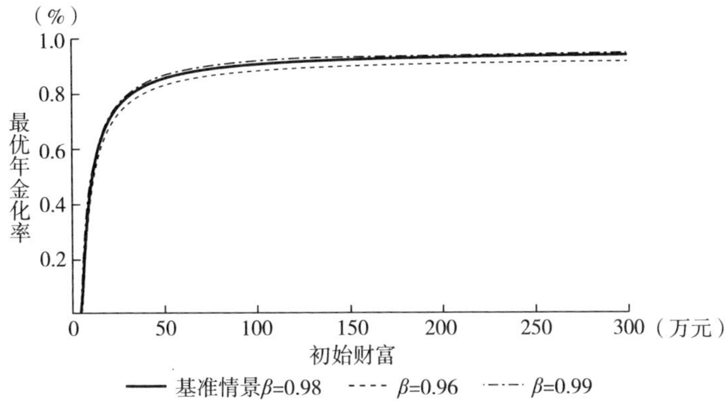

图 3-10　最优年金化率参数敏感性分析——主观贴现因子

资料来源：笔者计算。

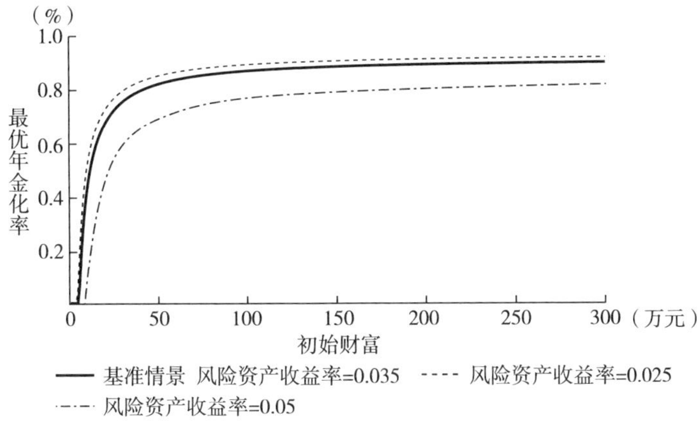

图 3-11　最优年金化率参数敏感性分析——风险资产收益率

资料来源：笔者计算。

从计算结果可以看出，遗产效用系数、风险厌恶系数、主观贴现因子、风险资产收益率对最优年金化率曲线均会产生影响。遗产效用系数代表了退休者对遗产的偏好，遗产效用系数和最优年金化水平负相关；风险厌恶系数代表了退休者的风险厌恶水平，风险厌恶系数和最优年金化水平正相关；主观贴现因子和最优年金化水平正相关；风险资产收益率和最优年金化水平负相关。

二、退休时间的敏感性分析

本章的初始假设是投资者的退休年龄为满 60 周岁。为了应对老龄化，政府已经出台相应的政策，逐步实行延迟退休，这里考虑延迟退休的情况下，研究投资者的退休年龄为满 65 岁、67 岁、70 岁三种情况。

从计算结果可以看出，在相同初始财富情况下，最优年金化率随着退休年龄的增加而提高（见图 3-12）。

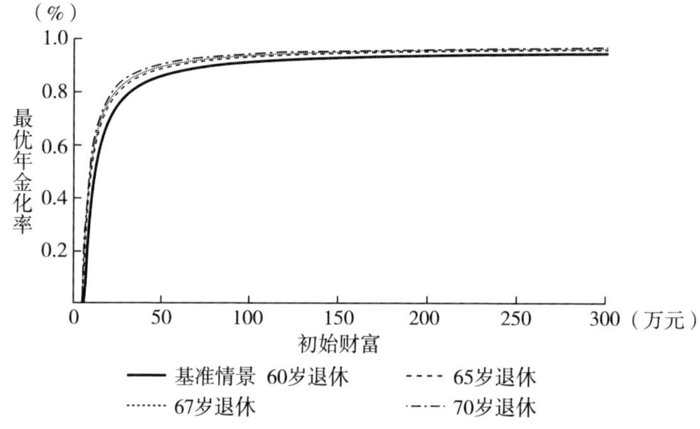

图 3-12　最优年金化率参数敏感性分析——退休时间

资料来源：笔者计算。

第七节　中国是否存在“年金谜题”

本节通过对比中国实际国情和理论求解的结果，分析中国是否存在

“年金谜题”。

一、中国城镇居民资产情况概述

2019年，中国人民银行调查统计司对全国30个省份和地区的3万余户城镇居民家庭进行资产负债情况调查，并发布了《2019年中国城镇居民家庭资产负债情况调查报告》。该报告提供了较为详细的国内城镇居民的资产负债情况。

第一，从资产总量来看。城镇居民家庭总资产的平均值为317.9万元，总资产的中位数为163.0万元；城镇居民家庭的资产负债率约为9.1%；城镇家庭净资产的平均值为289.0万元。按照家庭规模3人计算，城镇居民人均总资产平均值为106万元，城镇居民人均总资产中位数为54.3万元，人均净资产平均值为96.3万元。

第二，从资产结构来看。城镇居民的家庭资产以实物资产为主（占比约为80%），住房占比约为59.1%，金融资产占比仅为20%。其中，从金融资产的结构来看，理财、存款等占较大比例。同样地，按照家庭规模3人计算，城镇居民人均金融资产平均值为21.2万元，城镇居民人均金融资产中位数为10.9万元。

第三，从年龄角度来看。家庭总资产随着户主年龄的增加呈现先升后降的走势。户主年龄在46~55岁和56~64岁为家庭总资产均值最高的两个分组，分别是350.1万元和355.4万元。按照家庭规模3人计算，人均总资产平均值分别为116.7万元、118.5万元。

二、中国是否存在“年金谜题”

这里参考上述调查结果，对比本章第四节情景五的理论分析，分析中国是否存在“年金谜题”。

经对比发现，中国当前人均总资产均值较低，而中位数则更低，仅为

54.6 万元；另外，由于中国城镇居民主要的资产为实物资产（占比约为80%），流动性较差，人均金融资产的均值和中位数仅为 21.2 万元和 10.9 万元（见图 3-13）。

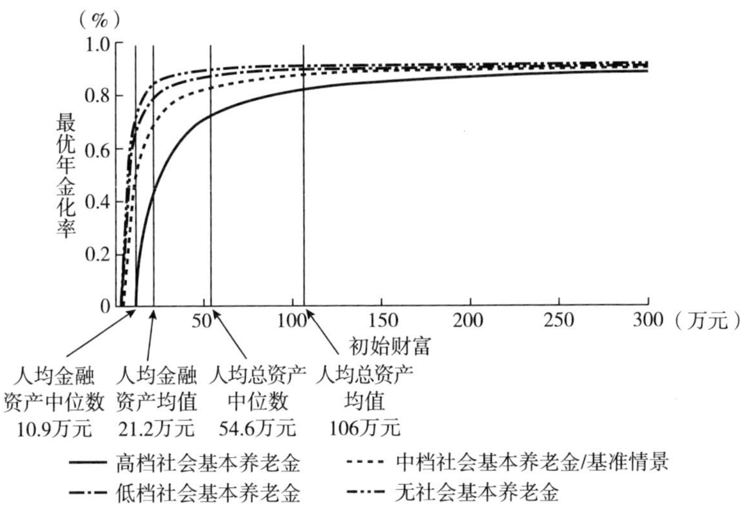

图 3-13 “年金谜题”分析

资料来源：笔者计算。

因此，财富水平不足是限制中国年金化水平的最主要因素。另外，根据本章第四节的研究结果，当财富水平较低（如 100 万元以下）时，最优年金化曲线容易受到健康状态、社会保障等其他因素的影响。

但是，当财富水平较高（如 100 万元以上）时，最优年金化曲线基本收敛在 80%~90%。按照《2019 年中国城镇居民家庭资产负债情况调查报告》的数据，中国家庭总资产最高的 10%家庭，总资产均值为 1511.5 万元，人均总资产均值约为 503.8 万元；家庭总资产第二档的 10%家庭，总资产均值为 493.3 万元，人均总资产均值约为 164.4 万元。因此，对中高资产人群，尚无法充分地解释其年金需求不足的问题，即在中国也存在“年金谜题”问题。

三、中国“年金谜题”与美国的对比

首先，年金化需求不足的问题（“年金谜题”）在主要经济体均存在，而发达经济体的养老年金市场发展水平仍远远高于我国。Beshears 等（2014）通过实证研究发现，在美国的 DB 养老金计划中，约 10%的退休者选择了年金化领取。虽然，美国年金化领取的比例与 Peijnenburg 等（2016）和 Ai 等（2017）计算的理论上的最优年金化率相比，仍有较大差距，但其发展水平和年金化参与的比例都已经达到了较高水平。

其次，我国当前仍处于发展过程中，人均 GDP、人均收入等仍处于中等水平，我国年金市场的发展与发达经济体相比仍有相当大的差距。

本章小结

首先，根据生命周期理论以及积极老龄化框架提出的“健康”“参与”“保障”三支柱，本章构建了一个考虑消费和遗产的终生效用函数，并给出了包含年金、风险资产、健康支出、劳动收入和社会保障的动态约束条件，从而得到研究年金化问题的动态规划理论模型。其中，健康因素包括健康状态、健康医疗支出；参与因素包括退休后劳动收入，保障因素包括基本养老金收入。其次，根据中国国情并参考国内外文献，对模型中的变量和参数进行赋值。最后，使用人工智能算法和 MATLAB 软件，求解不同情景下的最优年金化率，并做了相关参数的敏感性分析。

本章可以得到以下结论：

第一，年金是对抗长寿风险的有效手段，退休者应该根据自身情况，

较大比例地配置年金。在基准情景中，当初始财富在100万元以内时，最优年金化率随初始财富的增加而增加；当初始财富大于100万元时，最优年金化率稳定在80%~90%。因此，在基准情景下，最优年金化率保持在一个较高的水平。

第二，通过对不同情景的最优年金化率的研究发现：健康状况、社会保障水平、退休劳动收入对最优年金化率有显著的影响。其中，健康状况对最优年金化率有综合且显著的正向作用；养老保障水平、退休劳动收入与最优年金化率有负向作用。同时，本章也发现几种情景对最优年金化率的变动影响，但整体水平仍较高。

第三，在敏感性分析中，本成果分析了最优年金化率对各个参数变化的敏感性。其中，遗产效用系数和风险资产收益率对最优年金化率有负向作用；风险厌恶系数、主观贴现因子对最优年金化率有正向作用；延迟退休的时间对最优年金化率有正向作用，即在同等初始财富情况下，退休时间越晚，最优年金化率越高。

第四，根据与我国当前情况的对比发现，财富水平不足是限制年金化水平的最主要原因；当财富水平较低时，最优年金化曲线容易受到健康状态、社会保障等其他因素的影响；但对中高资产人群，尚无法充分地解释其年金需求不足的问题，即在中国也存在“年金谜题”问题。

第四章　健康因素对年金化水平影响的实证研究

在过往的文献中，年金化水平的影响因素按照宏微观角度基本可以分为两个类型：第一类是宏观环境和背景因素，包括宏观经济、人口结构等，此类因素相对具体个体是外生的，数据一般可以通过宏观统计数据直接或间接获得。第二类是个人情况与偏好因素，个人情况包括年龄、性别、婚姻状态、健康水平、财富水平等；个人偏好包括遗赠动机、流动性偏好、风险偏好、预期寿命等。第二类因素的数据属于微观数据，一般通过调研获得，国内外有多个大型调研，提供了可供研究的数据基础，有的学者也会根据自己需求设计专门的调研。

本书则从新的研究视角出发，将积极老龄化框架的“健康”“保障”“参与”三类因素纳入年金化的研究中。根据第一章的现状分析和第三章的最优年金化模型及数值求解结果，在第四章和第五章中分别进行健康因素和保障因素影响的实证研究。其中，本章研究健康因素对年金化水平的影响。

本章的结构安排为：第一节为理论分析和研究假设；第二节为变量设置、数据选择与变量计算；第三节为计量模型；第四节到第六节分别为基本回归、内生性检验、稳健性检验；第七节为进一步分析，包括异质性分析和机制分析等；最后为本章小结。

第一节　理论分析与研究假设

一、理论分析

健康因素对年金化水平的影响较为复杂，从影响机制看可以分为健康状态、健康风险等因素。

（一）健康状态的影响机制

关于健康状态或健康水平对年金化需求影响的研究结论较为一致，居民的健康状态影响居民对自己寿命的预期，从而影响年金化需求。一般地，认为健康状态越好，平均的预期寿命越高（Milevsky et al.，2007；Horneff et al.，2008；Peijnenburg et al.，2017），则年金化需求越高（Inkmann et al.，2011；Beshears et al.，2014；Hagen，2015）。

本书第三章的理论研究也支持了上述结论。在本书构造的理论模型中，生存概率是重要的参数，较好的健康状态使生存概率增加，从而增加了年金需求。从本书第三章第五节构造的不同情景来看，健康状态较好的情景一和情景二，最优年金化率曲线明显高于健康状态较差的情景三和情景四。

（二）健康风险的影响机制

健康风险也会对居民年金化需求产生影响。健康风险或健康冲击是指健康状态变化及其带来的医疗费用支出的增加或波动。

健康风险对居民年金化需求产生的影响，学者们的研究成果并不统一，有的研究认为健康风险能够减少居民年金化需求，有的研究认为健康风险会增加居民年金化需求，这是相悖的两种结论。

从年金价值和预防动机的角度来看，健康风险会减少居民年金化需求。Reichling 和 Smetters（2015）对美国退休老年人的养老资产配置研究中发现，健康冲击造成的医疗成本会降低年金价值，老年人应该减少购买年金。Peijnenburg 等（2017）则发现，如果老年人在早期就存在较高的医疗支出，年金需求则降低，因为老年人需要预留流动性财富进行缓冲。陈秉正等（2020）发现，健康风险是能够解释 90%的中国老年人不购买年金的原因。

认为健康风险会增加年金需求的研究是从整体资产配置和提升消费水平等角度考虑的。Pang 和 Warshawsky（2010）分析了由股票、债券和年金构成的资产组合，发现加入健康风险后，投资者的风险偏好更加保守，将资产从高风险的股票向更加安全的资产转移，从而提高了年金配置的比例。Ai 等（2017）发现，当老年人处在健康失能状态的平均时间越长时，年金需求越增加。

（三）健康因素的其他影响机制

从年金市场和年金产品的定价角度来看，由于居民健康状况差异和信息不对称，健康状况较好、预期寿命较长的个体更倾向于购买年金，这使年金市场存在逆向选择现象（Mitchell et al.，1999；Finkelstein et al.，2002；Turra et al.，2004,）。为了应对逆向选择，保险机构提高年金价格，从而对整体年金化需求产生负面影响（Blake and Burrows，2001；Blake and Dowd，2006）。

从社会参与的角度来看，居民健康状态不同会造成居民退休后的劳动供给和其他社会参与程度不同，从而影响居民的年金化需求。一方面，当居民健康状态较差时，有偿劳动供给的弹性会增加，会被认为劳动供给的弹性对年金配置有负向影响（Fehr and Habermann，2010）。另一方面，无偿的社会参与能够提高居民的保险意识，从而刺激年金需求，健康状态较差的居民，无偿的社会参与程度也较低。

二、研究假设

根据上述理论分析和第三章的理论研究，本章提出以下假设：

H4.1：主观健康水平对年金参与率有正向影响，主观健康水平越高，年金参与率越高。

H4.2：客观健康水平对年金参与率有正向影响，客观健康水平越高，年金参与率越高。

H4.3：健康状态对预期寿命、医疗风险、社会参与有正向影响，健康状态越好预期寿命越高，健康状态越好医疗风险越低，健康状态越好社会参与度越高。

第二节　变量设置、数据选取与变量计算

基于积极老龄化视角，本章主要研究健康因素对年金化水平的影响。主要变量情况如下（见表4-1）。

表4-1　健康因素对年金化水平影响的主要变量设置

类型	变量	变量代号	说明
被解释变量	年金参与率	annuity	是否参加商业养老保险，这里用年金参与率衡量年金化水平
解释变量	主观健康状态	health_sub	主观自评健康状态
	客观健康状态	health_ob	客观健康状态指标

续表

类型	变量	变量代号	说明
控制变量	年龄	age	被测当年（2018年）的年龄
	年龄的平方	age^2	被测当年（2018年）的年龄的平方
	性别	gender	性别
	婚姻状态	marriage	家庭保障因素之一，夫妻相互支持为居民生活提供了保障
	退休状态	retire	是否已经退休
	城乡	area	城镇或农村
	教育水平	education	受教育水平
	流动资产	liquid asset	现金、存款等流动资产总额
其他变量	父亲寿命	dad age	个体父亲的寿命
	母亲寿命	mom age	个体母亲的寿命

资料来源：笔者设定。

一、变量设置

（一）被解释变量

本书重点研究的对象是年金化水平，具体到微观数据是个人年金资产占总资产的比例。但由于微观调查数据中缺乏年金配置比例的数据，本章将年金参与率（是否购买了年金）作为解释变量，使用CHARLS数据中的养老金模块，问题FN043_W4“您是否正在领取或预计将来可以领取或正在缴纳商业养老保险?”

考虑到我国年金市场仍处于起步阶段，年金参与率较低。随着政策的推动以及国民养老意识的增加，年金正在逐步被接受，提高年金参与率是提高年金化水平的前提，因此以年金参与率作为解释对象具有现实基础。

（二）解释变量

根据积极老龄化理论的“健康”“保障”“参与”三支柱，本章选取健康类因素作为解释因素。

健康类因素包括主观健康水平和客观健康水平。其中，主观健康水平为核心解释变量，主观健康水平依据 CHARLS 健康状况和功能部分的问题 DA002；客观健康水平为补充解释变量，根据 CHARLS 健康状况和功能部分问题 DA005 和 DA007 的综合计算。

（三）控制变量

本章将与个体相关的其他情况和特征作为控制变量，主要包括年龄、年龄的平方、性别、婚姻状态、退休状态、城乡、教育水平、流动资产。上述变量也反映了个人的情况，可能会对被解释变量产生影响，但这里并不是本书研究的重点，为了更优的拟合效果，并减少可能的遗漏变量，这里将上述变量作为控制变量。

（四）其他变量

本章将使用工具变量法对核心解释变量做内生性检验，选择个体的父亲寿命和母亲寿命作为健康水平的工具变量。个体健康和寿命受父母遗传的影响较大，因此父母寿命与个体健康状态有相关性，同时个体父母寿命与个体的其他相关情况无直接关联，满足工具变量的条件。

二、数据选取与变量计算

本章主要的数据基础是中国健康与养老追踪调查（China Health and Retirement Longitudinal Study，CHARLS）数据库，CHARLS 是由北京大学国家发展研究院主持、北京大学中国社会科学调查中心与北京大学团委共同执行的大型跨学科调查项目，是国家自然科学基金委资助的重大项目，旨在收集一套代表中国 45 岁及以上中老年人家庭和个人的高质量微观数据，用以分析我国人口老龄化问题，推动老龄化问题的跨学科研究。CHARLS 全国基线调查于 2011 年开展，覆盖 150 个县级单位，450 个村级单位，约 1 万户家庭中的 1.7 万人，之后于 2013 年、2015 年、2018 年各进行过一次调查。

本章具体选取 CHARLS（2018 年）相关调研和数据。首先，由于本成果主要研究养老年金，因此将 45 岁以下和 75 岁以上的被调查者的数据删除，保留了 45~75 岁被调查者的数据；其次，将有缺失的数据进行了删除，共得到有效数据约 8000 组。

各变量的取值需要在原始数据基础上进行调整和赋值，或根据多个相关问题进行计算和赋值，各变量的值均为离散的（见表 4-2）。

表 4-2　健康因素对年金化水平影响的主要变量赋值

类型	变量	变量代号	赋值	说明
被解释变量	年金参与率	annuity	0，1	问题 FN043_W4，回答“1. 参加了”和“2. 现在正在领取”的赋值为 1；回答“3. 没有参加也没有领取”的赋值为 0
解释变量	主观健康状态	health_sub	0，1，2，3，4	根据问题 DA002 赋值
	客观健康状态	health_ob	0~4 的离散值	根据问题 DA005（残疾）和 DA007（慢性病）赋值计算
控制变量	年龄	age	45~75 岁的离散值	被测当年（2018 年）的年龄
	年龄的平方	age^2	整数离散值	被测当年（2018 年）的年龄的平方
	性别	gender	0，1	根据问题 BA000_W2_3，男性为 1；女性为 0
	婚姻状态	marriage	0，1	根据问题 BE001，已婚赋值为 1；其他情况赋值为 0
	退休状态	retire	0，1	根据问题 FB011_W4，退休为 1；其他为 0
	城乡	area	0，1	根据区域编码，城镇为 1；农村为 0
	教育水平	education	0~9 的离散值	根据问题 BD001_W2_4 获得
	流动资产	liquid asset	连续值	流动资产总额（取自然对数）
其他变量	父亲寿命	dad age	整数离散值	个体父亲的寿命
	母亲寿命	mom age	整数离散值	个体母亲的寿命

资料来源：笔者设定或根据 CHARLS 数据计算。

三、描述性统计

表 4-3 展示了各变量的描述性统计基本信息。其中，年金参与率的平均值为 1.2%，这说明我国商业养老保险的参与率极低，与国外发达经济体仍有较大差距。

主观健康状态的均值为 1.96，说明受访者的主观健康评价为中等健康水平。

表 4-3 健康因素对年金化水平影响的变量描述性统计

类型		变量	变量代号	Obs	Mean	Std. dev.	Min	Max
被解释变量		年金参与率	annuity	8750	0.01	0.11	0	1
解释变量	主要	主观健康状态	health_sub	8613	1.96	1.03	0	4
	补充	客观健康状态	health_ob	8750	0.29	0.44	0	4.57
控制变量		年龄	age	8750	60.54	7.86	45	75
		性别	gender	8750	0.48	0.50	0	1
		婚姻状态	marriage	8750	0.81	0.39	0	1
		退休状态	retire	7597	0.03	0.18	0	1
		城乡	area	8750	0.61	0.49	0	1
		教育水平	education	8750	3.56	1.88	1	10
		流动资产	liquid asset	7034	7.90	2.22	-4.61	16.12
其他变量		父亲寿命	dad age	6025	71.81	10.78	50	117
		母亲寿命	mom age	5392	73.03	11.14	50	105

资料来源：笔者计算。

四、相关性检验

这里在进行回归之前，先进行相关性检验，以防止主要解释变量之间存在多重共线性问题。由相关性检验的结果（见表 4-4）来看，除年龄与年龄平方外，各主要变量之间的相关系数均小于 0.5。另外，方程膨胀因子

（VIF）检验的结果显示各变量的 VIF 值均小于 2。因此，这里可以初步排除明显的多重共线性影响。

表 4-4　健康因素对年金化水平影响的相关性检验

	health_sub	age	age^2	gender	marriage	retire	area	education	liquid asset
health_sub	1.00								
age	0.14	1.00							
age^2	0.14	1.00	1.00						
gender	-0.07	0.09	0.09	1.00					
marriage	-0.08	-0.24	-0.25	0.14	1.00				
retire	-0.04	-0.01	-0.02	0.01	0.03	1.00			
area	0.11	0.03	0.03	0.02	-0.01	-0.17	1.00		
education	-0.17	-0.22	-0.22	0.25	0.17	0.17	-0.27	1.00	
liquid asset	-0.19	-0.12	-0.12	0.13	0.18	0.11	-0.18	0.32	1.00

资料来源：笔者计算。

第三节　计量模型

考虑到数据类型为离散数据，且被解释变量年金参与率是二元变量，因此需要使用离线选择模型（Disrete Choice Model）中的二值选择模型。常用的二值选择模型有线性概率模型（Linear Probability Model，LPM）、Probit 模型和 Logit 模型。

线性概率模型（LPM）的表达式为：

$$y_i = x'_i\beta + \varepsilon_i (i=1, 2, \cdots, n) \tag{4.1}$$

线性概率模型（LPM）是最简单的二值选择模型，其优点是计算方便且容易得到边际效应，但 LPM 模型的预测值有可能出现大于 1 或小于 0 的情况，因此 LMP 模型的结果一般只作为粗略的参考（陈强，2014）。

为了使 y 的预测值保持在［0，1］之间，构造以下函数：

$$\begin{cases} P(y=1 \mid x)=F(x, \beta) \\ P(y=0 \mid x)=1-F(x, \beta) \end{cases} \tag{4.2}$$

其中，$F(x, \beta)$为连接函数。

若 $F(x, \beta)$为标准正态的积累分布函数，则该模型被称为 Probit 模型，即：

$$P(y=1 \mid x)=F(x, \beta)=\Phi(x'\beta)=\int_{-\infty}^{x'\beta}\phi(t)\,dt \tag{4.3}$$

若 $F(x, \beta)$为逻辑分布（Logistic Distribution）的积累分布函数，则该模型被称为 Logit 模型，即：

$$P(y=1 \mid x)=F(x, \beta)=\Lambda(x'\beta)=\frac{\exp(x'\beta)}{1+\exp(x'\beta)} \tag{4.4}$$

由于逻辑分布的积累分布函数有解析表达式，标准正态分布却没有，所以计算 Logit 模型通常比 Probit 模型更方便；另外，由于 Probit 模型与 Logit 模型使用的分布函数不同，所以计算出来的参数估计值无法直接对比，需要分别计算边际效应来比较。常用的边际效应包括平均边际效应（Average Marginal Effect）、样本均值处边际效应（Marginal Affect at Mean）、某代表值处边际效应（Marginal Effect at a Representative Value）。对于政策分析，使用平均边际效应或在代表值处边际效应通常更有意义（陈强，2014）。在实际操作中，Logit 模型和 Probit 模型的结果差距经常不大。综上所述，本章主要使用 Logit 模型进行回归分析，并使用 Probit 模型的计算结果作为参考。

本章构造的计量模型为：

$$annuity_i=\alpha_0+\sum\alpha_i health\_sub_i+\sum\beta_i C_i+\varepsilon_i \tag{4.5}$$

其中，被解释变量是年金参与率（annuity）；解释变量是主观健康状态（health_sub）；C_i 表示控制变量，包括年龄（age）、年龄的平方（age^2）、性别（gender）、婚姻状态（marriage）、退休状态（retire）、城乡（area）、教育水平（education）、流动资产（liquid asset）；ε_i 为残差。

第四节　基准回归

本章使用 STATA 17 对模型进行回归统计，主要使用 Logit 模型做基准回归，并使用 Probit 模型的结果作为对比和检验，得到以下基准回归结果：

在解释变量中，主观健康状态的回归结果显著。主观健康状态的数据与年金参与率呈现明显的负相关，这说明主观健康水平越高（本章中主观健康状态数据越大，表示健康状态越差），年金参与率越高。初步验证了本章的假设 H4.1。

控制变量中，教育水平、流动资产的回归结果显著。教育水平和年金参与率呈明显的正相关，这说明教育水平越高，年金参与率越高；流动资产和年金参与率呈明显的正相关，这说明财富水平越高，年金参与率越高，这与第二章的理论研究结果一致（见表 4-5）。

表 4-5　健康因素对年金化水平影响的基准回归结果

变量	(1) Logit	(2) Probit	(3) Xtlogit①
health_sub	-0.289*** (-2.75)	-0.119*** (-2.81)	-0.265** (-2.17)

① Xtlogit 模型是控制省份的固定效应模型，与 Logit 模型的 hausman 检验结果无法拒绝原假设，即 Logit 模型的结果更优。

续表

变量	(1) Logit	(2) Probit	(3) Xtlogit①
age	-0. 313 (-1. 27)	-0. 147 (-1. 51)	-0. 317 (-1. 22)
age^2	0. 00233 (1. 11)	0. 00111 (1. 35)	0. 00235 (1. 06)
gender	-0. 000809 (-0. 00)	-0. 00357 (-0. 04)	0. 0220 (0. 09)
marriage	0. 464 (0. 96)	0. 169 (0. 95)	0. 492 (1. 01)
retire	-0. 617 (-1. 03)	-0. 316 (-1. 32)	-0. 674 (-1. 06)
area	-0. 418* (-1. 69)	-0. 172* (-1. 77)	-0. 404 (-1. 54)
education	0. 309*** (4. 35)	0. 126*** (4. 19)	0. 329*** (4. 25)
liquid asset	0. 196*** (3. 88)	0. 0837*** (4. 11)	0. 200*** (3. 17)
Constant	3. 114 (0. 44)	1. 393 (0. 50)	
N	6002	6002	5822
R^2	0. 1251	0. 1259	

注：* 表示 $p<0.1$，** 表示 $p<0.05$，*** 表示 $p<0.01$。括号内为 t 值。

资料来源：笔者计算。

第五节　内生性检验

由于在研究过程中可能存在遗漏变量、反向因果、度量误差等问题，基本回归结果有可能存在内生性问题，使回归估计结果有偏差。针对可能存在的内生性问题，尽量全面地选取个体相关变量作为控制变量。但是，上述预先措施或许仍然无法完全避免内生性问题，这里使用工具变量法进行进一步的内生性分析。

本章选择个体的父亲寿命和母亲寿命作为核心解释变量主观健康水平的工具变量。一般认为，个体健康和寿命受父母遗传的影响较大，父母寿命与个体整体健康状态有相关性，同时个体父母寿命与个体的其他相关情况无直接关联，因此满足工具变量的条件。这里参考陈强（2014）和袁微（2018）的方法，使用两阶段最小二乘模型和 IV_probit 模型做内生性检验。

由于初步内生性检验结果显示父亲寿命与个体主观健康状态的相关性弱，这里将父亲寿命删除后，仅使用母亲寿命作为工具变量，具体结果如表 4-6 所示。

表 4-6 健康因素对年金化水平影响的内生性检验结果

变量	(1) Reg	(2) 一阶段	(3) 二阶段	(4) IV_ Probit
health_ sub	-0. 00370 ** (-2. 75)		-0. 0689 ** (-2. 16)	-0. 973 *** (-23. 47)
mom age_ iv		-0. 00580 *** (-3. 82)		
控制变量	Y	Y		Y
不可识别检验		14. 54		
Anderson canon. corr. LM statistic		P-val = 0. 0001		
弱工具变量检验		14. 56		
Cragg-Donald Wald F statistic		15%maximal IV size 8. 96		
稳健弱识别检验		6. 65		
Anderson-Rubin Wald test		P-val = 0. 0099		
N		3676	3676	3676

注：* 表示 $p<0.1$，** 表示 $p<0.05$，*** 表示 $p<0.01$。

资料来源：笔者计算。

结果显示工具变量法回归结果与基准回归的符号相同，且影响系数的绝对值较基本回归更大。因此，可以说明本章前文提出的研究结果稳健，研究结论依然成立，且工具变量增加了解释变量的解释力度。

第六节　稳健性检验

为了检验模型和基准回归的稳健性，本节使用改变计量方法和改变样本容量两种方法进行稳健性检验。

一、改变计量方法

本章的基准回归使用了二值选择模型中的 Logit 模型和 Probit 模型。根据变量描述性统计，本章的被解释变量“年金参与率”的均值仅为 1.2%且发生的频率非常小，有“稀有事件”的特点，使基准回归可能存在“稀有事件偏差”。为了检验模型和基准回归的稳定性，这里使用修正 Logit 模型和补对数-对数模型进行对比。

由回归结果可以看到，改变计量方法后，各变量系数的值和显著性差别不大，这说明基准回归的稳健性较高（见表 4-7）。

表 4-7　健康因素对年金化水平影响的稳健性检验（改变计量方法）

变量	(1) Logit	(2) 修正 Logit	(3) 补对数-对数
health_sub	-0.289*** (-2.75)	-0.289*** (-2.75)	-0.284*** (-2.74)
age	-0.313 (-1.27)	-0.341 (-1.39)	-0.290 (-1.21)

续表

变量	(1) Logit	(2) 修正 Logit	(3) 补对数-对数
age^2	0.00233 (1.11)	0.00258 (1.24)	0.00214 (1.05)
gender	-0.000809 (-0.00)	-0.00385 (-0.02)	-0.00336 (-0.01)
marriage	0.464 (0.96)	0.373 (0.77)	0.467 (0.98)
retire	-0.617 (-1.03)	-0.464 (-0.78)	-0.582 (-0.98)
area	-0.418* (-1.69)	-0.416* (-1.68)	-0.409* (-1.67)
education	0.309*** (4.35)	0.307*** (4.32)	0.302*** (4.39)
liquid asset	0.196*** (3.88)	0.194*** (3.85)	0.192*** (3.86)
Constant	3.114 (0.44)	4.050 (0.58)	2.458 (0.36)
N	6002	6002	6002
R^2	0.1251		

注：* 表示 $p<0.1$，** 表示 $p<0.05$，*** 表示 $p<0.01$。括号内为 t 值。

资料来源：笔者计算。

二、改变样本容量

本章从 CHARLS（2018）选取数据，该调研覆盖了全国约 31 个省级地区，这里通过减少部分省份样本容量的方式进行稳健性检验，包括去掉前面 5 个省份和去掉后面 5 个省份数据的两种方法，并与整体的回归结果进行对比。

回归结果显示，去掉前 5 个省份和去掉后 5 个省份样本，回归结果和显著性基本保持一致，说明本章的模型和基准回归稳健性较高（见表 4-8）。

表 4-8 健康因素对年金化水平影响的稳健性检验（改变样本容量）

变量	(1) 整体	(2) 去掉前 5 个省份样本	(3) 去掉后 5 个省份样本
health_ sub	-0. 289*** (-2. 75)	-0. 239** (-2. 20)	-0. 326** (-2. 19)
age	-0. 313 (-1. 27)	-0. 383 (-1. 46)	-0. 367 (-1. 08)
age^2	0. 00233 (1. 11)	0. 00302 (1. 36)	0. 00291 (1. 01)
gender	-0. 000809 (-0. 00)	0. 0144 (0. 05)	0. 191 (0. 56)
marriage	0. 464 (0. 96)	0. 318 (0. 64)	1. 685 (1. 62)
retire	-0. 617 (-1. 03)	-0. 962 (-1. 35)	-0. 482 (-0. 68)
area	-0. 418* (-1. 69)	-0. 406 (-1. 48)	-0. 528* (-1. 72)
education	0. 309*** (4. 35)	0. 339*** (4. 26)	0. 271*** (3. 03)
liquid asset	0. 196*** (3. 88)	0. 191*** (3. 39)	0. 163** (2. 43)
Constant	3. 114 (0. 44)	4. 833 (0. 64)	3. 426 (0. 36)
N	6002	4556	4351
R^2	0. 1251	0. 1177	0. 1191

注：* 表示 $p<0.1$，** 表示 $p<0.05$，*** 表示 $p<0.01$。括号内为 t 值。
资料来源：笔者计算。

第七节 进一步分析

一、异质性分析

本章分别按照年龄、城乡、经济发展水平的不同进行异质性分析。

（一）按照年龄分组的异质性分析

本章的整体样本中个体的年龄分布为 45～75 岁，这里分为老年组（60～75 岁）和中年组（45～59 岁）两组，进行异质性分析。

通过两组回归结果对比，主观健康状态在老年组有更高绝对值和更加显著的影响，这说明，在老年组主观健康状态更大程度地影响年金参与率。控制变量中退休状态和教育水平在老年组有更大程度的影响作用（见表 4-9）。

表 4-9　健康因素对年金化水平影响的异质性分析（按照年龄分组）

变量	(1) 老年组	(2) 中年组
health_ sub	-0. 505*** (-3. 46)	-0. 225* (-1. 77)
age	2. 192 (0. 92)	-0. 624 (-0. 65)
age^2	-0. 0163 (-0. 90)	0. 00526 (0. 57)
gender	-0. 0945 (-0. 17)	0. 0123 (0. 04)
marriage	-0. 184 (-0. 24)	0. 821 (1. 14)
retire	-1. 844** (-2. 16)	-0. 355 (-0. 46)
area	-0. 278 (-0. 56)	-0. 525* (-1. 82)
education	0. 702*** (4. 35)	0. 226*** (2. 70)
liquid asset	0. 206** (2. 02)	0. 197*** (3. 37)
Constant	-81. 78 (-1. 04)	11. 38 (0. 46)
N	3000	3002
R^2	0. 1725	0. 0898

注：* 表示 $p<0.1$，** 表示 $p<0.05$，*** 表示 $p<0.01$。括号内为 t 值。

资料来源：笔者计算。

（二）按照城乡分组的异质性分析

通过两组回归结果对比，主观健康状态在城镇组有更高绝对值和更加显著的影响，这说明，在城镇组主观健康状态更大程度地影响年金参与率（见表 4-10）。

表 4-10　健康因素对年金化水平影响的异质性分析（按照城乡分组）

变量	(1) 城镇	(2) 乡村
health_ sub	-0. 378 ** (-2. 51)	-0. 223 (-1. 50)
age	-0. 390 (-1. 01)	-0. 189 (-0. 59)
age^2	0. 00288 (0. 88)	0. 00136 (0. 50)
gender	0. 558 (1. 42)	-0. 343 (-1. 08)
marriage	0. 583 (0. 77)	0. 425 (0. 67)
retire	0. 529 (0. 53)	-1. 053 (-1. 47)
area	0 (.)	0 (.)
education	0. 134 (1. 16)	0. 404 *** (4. 52)
liquid asset	0. 224 *** (3. 28)	0. 163 ** (2. 31)
Constant	5. 406 (0. 49)	-0. 817 (-0. 09)
N	4007	1995
R^2	0. 0907	0. 1329

注：* 表示 $p<0.1$，** 表示 $p<0.05$，*** 表示 $p<0.01$。括号内为 t 值。

资料来源：笔者计算。

（三）按照经济发展水平分组的异质性分析

通过两组回归结果对比，主观健康状态在低经济水平组有更高绝对值和更加显著的影响，这说明，在低经济水平组主观健康状态更大程度地影响年金参与率（见表 4-11）。

表 4-11　健康因素对年金化水平影响的异质性分析（按照经济发展水平分组）

变量	(1) 高经济水平组	(2) 低经济水平组
health_ sub	-0. 136 (-0. 96)	-0. 486*** (-2. 99)
age	-0. 175 (-0. 51)	-0. 419 (-1. 16)
age^2	0. 00121 -0. 42	0. 00319 -1. 04
gender	-0. 0156 (-0. 05)	-0. 0088 (-0. 03)
marriage	0. 3 -0. 49	0. 704 -0. 91
retire	-0. 709 (-0. 97)	-0. 536 (-0. 52)
area	-0. 710** (-2. 01)	-0. 104 (-0. 29)
education	0. 348*** -3. 34	0. 252*** -2. 83
liquid asset	0. 218*** -3. 15	0. 176** -2. 39
Constant	-1. 398 (-0. 14)	6. 682 -0. 65
N	2899	3103
R^2	0. 1451	0. 1139

注：*表示 $p<0.1$，**表示 $p<0.05$，***表示 $p<0.01$。括号内为 t 值。

资料来源：笔者计算。

二、年金配置决策的非理性现象探讨——客观健康指标的影响

这里对健康因素做进一步的分析。本章前文使用主观健康状态作为衡量健康水平的变量，而其他变量均为客观变量。为了更加客观地分析健康因素对年金参与率的影响，这里构建新变量（客观健康水平），研究客观健康状态的影响机制。

客观健康水平（health_ ob）根据 CHARLS 问卷中问题 DA005（残疾）和 DA007（慢性病）的回答分档加权赋值（残疾特征权重：慢性病特征权重=14：6），得到 0~4 的离散值（和主观健康状态类似）。

将基准回归中的主观健康水平替换为客观健康水平后，得到以下回归结果：回归结果显示，客观健康水平对年金参与率的影响不显著。这说明，相比客观健康状态指标，在进行年金购买决策时，投资者更多根据对自己健康状态的主观评价表现出一定的非理性行为（见表 4-12）。

表 4-12　客观健康因素的进一步分析

变量	(1) Logit	(2) Probit
health_ ob	0. 00589 (0. 02)	0. 00361 (0. 04)
age	-0. 321 (-1. 31)	-0. 147 (-1. 51)
age^2	0. 00237 (1. 14)	0. 00110 (1. 34)
gender	0. 0223 (0. 09)	0. 00534 (0. 05)
marriage	0. 505 (1. 05)	0. 187 (1. 06)
retire	-0. 616 (-1. 03)	-0. 313 (-1. 31)

续表

变量	(1) Logit	(2) Probit
area	-0. 440* (-1. 78)	-0. 180* (-1. 85)
education	0. 331*** (4. 60)	0. 136*** (4. 47)
liquid asset	0. 215*** (4. 26)	0. 0916*** (4. 54)
Constant	2. 681 (0. 38)	1. 097 (0. 39)
N	6068	6068
R^2	0. 1183	0. 1191

注：* 表示 $p<0.1$，** 表示 $p<0.05$，*** 表示 $p<0.01$。括号内为 t 值。

资料来源：笔者计算。

三、影响机制分析

根据本书的理论分析和过往文献，健康状态通过影响个体的多种因素，对年金化水平造成综合的影响。这里分析健康状态的影响机制。

健康状态对预期寿命、医疗费用风险、社会参与等因素都有影响。健康状态越好，预期寿命越长，则年金需求越高；健康状态越好，医疗费用风险越低，则年金需求越高；健康状态越好，社会参与程度越高，则年金需求越高。

本节使用 CHARLS 的 2018 年数据，用实证的方法检验上述影响机制，选取主观生存概率衡量个体的预期寿命，住院经历衡量个体的医疗费用风险，社会活动频次衡量个体的社会参与程度。具体变量选取与数值计算如表 4-13 所示。

表 4-13　健康因素对年金化水平影响的机制分析变量赋值

类型	变量	变量代号	赋值	说明
被解释变量	主观生存概率	survivalprob_sub	0，25%，50%，75%，100%	根据问题 DA081，对目标年龄的预期，从低到高赋值
	住院经历	inpatient	0，1	问题 EE003，一年内是否有住院经历
	社会活动频次	socialactivity	0~24 的离散值	问题 DA056、DA057
解释变量	主观健康状态	health_sub	0，1，2，3，4	问题 DA002，健康自评分为很好、好、一般、不好、很不好，分别赋值 0~4
	客观健康状态	health_ob	0~4 的离散值	根据 CHARLS 问卷中问题 DA005（残疾）和 DA007（慢性病）的回答分档加权赋值
控制变量	与基准回归相同（年龄、年龄的平方、性别、婚姻状态、退休状态、城乡、教育水平、流动资产）			

资料来源：笔者设定或根据 CHARLS 数据计算。

根据表 4-14 的回归结果显示，主观健康状态对主观生存概率、住院经历、社会活动频次的影响系数均验证了本章提出的影响机制，且显著性很高。

表 4-14　主观健康状态的机制分析结果

变量	(1) 主观生存概率	(2) 住院医疗	(3) 社会活动
health_sub	-0.0920*** (-23.81)	0.0677*** (14.93)	-0.134*** (-4.12)
控制变量	Y	Y	Y
N	5228	6002	6002
R^2	0.169	0.0567	0.109

注：* 表示 $p<0.1$，** 表示 $p<0.05$，*** 表示 $p<0.01$。括号内为 t 值。

资料来源：笔者计算。

根据表 4-15 的回归结果显示，客观健康状态对主观生存概率、住院经历的影响系数均验证了本章提出的影响机制；但社会活动频次的影响不显著，未能验证本章假设。这也说明社会参与相关因素受主观认知的影响更为显著。

表 4-15 客观健康状态的机制分析结果

变量	(1) 主观生存概率	(2) 住院医疗	(3) 社会活动
health_ ob	-0.0870*** (-9.27)	0.141*** (11.49)	0.0973 (1.36)
控制变量	Y	Y	Y
N	5228	6002	6002
R^2	0.169	0.0567	0.109

注：* 表示 $p<0.1$，** 表示 $p<0.05$，*** 表示 $p<0.01$。括号内为 t 值。

资料来源：笔者计算。

本章小结

基于第三章的理论及数值解研究，以及本章第一节的理论分析，从积极老龄化视角出发，本章重点研究了健康因素对年金参与的影响。本章主要使用 Logit 模型，以 Probit 模型、LPM 模型等其他模型作为参考，并进行了内生性检验、稳健性检验和进一步分析。从计量分析的结果来看，健康因素对年金化水平有显著的影响。

一、主观健康状态对年金化水平有显著的影响

首先，计量结果显示，主观健康状态对年金化水平有显著的正向影响。主观健康状态越好，年金参与率越高。其次，从异质性分析结果来看，主观健康状态在老年组、城镇组和经济发展低水平组的影响系数绝对值更大，且更加显著。验证了本章提出的假设 H4. 1。

二、客观健康状态对年金化水平没有显著的影响

本章的客观健康指标根据 CHARLS 数据中残疾和慢性病指标计算得出，能够较准确地衡量受访者的客观健康状态。但是本章的进一步研究结果显示，客观健康状态对年金化水平的影响不显著。这说明，相比客观健康状态指标，在进行年金购买决策时，投资者更多根据对自己健康状态的主观评价，表现出一定的非理性行为。未能验证本章提出的假设 H4. 2。

三、主观健康状态与预期寿命、医疗风险、社会参与均有显著的相关性

主观健康状态与预期寿命、医疗支出风险、社会参与等因素都有显著的相关性。健康状态越好，预期寿命越长；健康状态越好，医疗支出风险越低；健康状态越好，社会参与程度越高。验证了本章提出的假设 H4. 3。

但是，客观健康状态与社会参与因素无显著的相关性，未能验证本章提出的假设 H4. 3。

第五章　社会保障因素对年金化水平影响的实证研究

第四章研究了健康因素对年金化水平的影响。本章在第一章现状分析和第三章理论研究的基础上，从积极老龄化视角，重点研究社会保障因素对年金化水平的影响。保障因素包括了家庭保障和社会保障，而社会保障则包括了养老、医疗、就业等多重保障；本章重点研究社会养老保障和社会医疗保障对年金化水平的影响。

本章的结构安排为：第一节为理论分析与研究假设；第二节为变量设置、数据选择与变量计算；第三节为计量模型；第四节到第六节分别为基本回归、内生性检验、稳健性检验；第七节为进一步分析，包括异质性分析、调节效应分析和影响机制分析；最后为本章小结。

第一节　理论分析与研究假设

一、理论分析

随着我国社会和经济的发展，社会保障体系逐渐完善，其中主要包括社会养老保障和社会医疗保障。

（一）社会养老保障对年金化水平的影响分析

社会养老保险是居民养老资产的重要部分，能提供以居民生存为条件的持续性退休收入，因此社会养老保险是已经年金化的资产，其功能与个人购买的养老年金类似。有学者认为，社会养老保险与年金有替代作用，当社会养老保险的替代率足够高，能够满足居民养老需求，则居民便不存在其他资产年金化的需求了（Dushi and Webb，2004）；秦云和郑伟（2018）的实证研究表明，社会养老保障水平与商业年金需求负相关。类似地，如政府消费补贴（Ai et al.，2017）和最低生活保障（Bütler et al.，2017）也具有替代作用，会降低年金化需求。

本书第三章第五节构建的情景五也支持了上述观点，通过比较不同社会基本养老保险水平的最优年金化率曲线，发现社会基本养老保险对最优年金化率有负向影响，且在初始财富较低的情况下，影响作用更为显著。

（二）社会医疗保障对年金化水平的影响分析

社会医疗保险为居民医疗费用支出提供了保障。当居民需要支付医疗费用时，社会医疗保险能够支付一部分医疗费用，降低了居民个人需要支付的比例，同时社会医疗保险可以减少医疗风险的冲击，对大病和意外造成的突发大额医疗费用起到平滑作用，因此可以降低居民的流动性需求，这一功能弥补了年金流动性不足的缺点。Davidoff 等（2005）认为，社会医疗保险能够提高年金化需求，社会医疗保险与年金是互补关系。秦云和郑伟（2018）以及陈秉正等（2020）的研究也支持了这一结论。

（三）其他保障因素对年金化水平的影响分析

根据积极老龄化框架，家庭保障也是社会保障因素之一。Kotlikoff 等（1981）的研究认为，家庭保障与年金有一定的替代作用。由于家庭保障不是本书研究的重点，故后续研究不涉及家庭保障。

二、研究假设

根据上述理论分析和第三章的数值解研究，本章提出以下假设：

H5.1：社会基本养老保障对年金参与率有负向影响，社会基本养老保障水平越低，年金参与率越高。

H5.2：社会基本医疗保障对年金参与率有正向影响，社会基本医疗保障水平越高，年金参与率越高。

H5.3：补充医疗保障对年金参与率有正向影响，补充医疗保障水平越高，年金参与率越高。

第二节　变量设置、数据选取与变量计算

基于积极老龄化视角，本章主要研究社会保障因素对年金化水平的影响。主要变量情况如表 5-1 所示。

表 5-1　社会保障因素对年金化水平影响的主要变量设置

类型	变量	变量代号	说明
被解释变量	年金参与率	annuity	是否参加商业养老保险，这里用年金参与率衡量年金化水平
解释变量	社会基本养老保险	pension_ basic	是否拥有基本养老保险
	补充养老保险	pension_ sup	是否拥有补充养老保险（政府或事业单位的年金、企业年金）
	社会基本医疗保险	med insurance_ basic	是否拥有社会基本医疗保险
	补充医疗保险	med insurance_ sup	是否拥有补充医疗保险

续表

类型	变量	变量代号	说明
控制变量	年龄	age	被测当年（2018 年）的年龄
	年龄的平方	age^2	被测当年（2018 年）的年龄的平方
	性别	gender	性别
	婚姻状态	marriage	家庭保障因素之一，夫妻相互支持为居民生活提供了保障
	退休状态	retire	是否已经退休
	城乡	area	城镇或农村
	教育水平	education	受教育水平
	流动资产	liquid asset	现金、存款等流动资产总额
其他变量	子女数量	child	个体子女数量

资料来源：笔者设定。

一、变量设置

（一）被解释变量

本章参考第四章的设定，以年金参与率作为衡量年金化水平的变量，作为被解释变量。

（二）解释变量

根据积极老龄化理论的健康、保障、参与三支柱，本章选取社会保障因素作为解释因素。

其中，核心解释变量包括社会基本养老保障和社会基本医疗保障；补充解释变量包括补充养老保障和补充医疗保障。

（三）控制变量

本章将个体相关的其他情况和特征作为控制变量，主要包括年龄、年龄的平方、性别、婚姻状态、退休状态、城乡、教育水平、流动资产。上述变量也反映了个人情况可能会对被解释变量产生影响，但这里并不是本书的重点，为了更优的拟合效果，并减少可能的遗漏变量，这里将上述变量作为控制变量。

（四）其他变量

本章将使用工具变量法对核心解释变量做内生性检验。选取个体数据与区域社会基本养老保险参保率及区域社会基本医疗保险参保率的差值作为工具变量。上述变量与个体社会基本养老保障和社会基本医疗保障有相关性，与个体的其他变量无直接关系，满足工具变量的要求。

本章使用子女数量作为调节变量进行调节效应分析。子女数量与个体的遗赠动机和家庭支持有较强的相关性。

二、数据选取与变量计算

本章仍然选取 CHARLS（2018）相关调研和数据，保留了 45～75 岁被调查者的数据，共得到有效数据约 8000 组。

各变量的取值需要在原始数据基础上进行调整和赋值，或根据多个相关问题进行计算和赋值，各变量的值均为离散的，具体如表 5-2 所示。

表 5-2　社会保障因素对年金化水平影响的主要变量赋值

类型	变量	变量代号	赋值	说明
被解释变量	年金参与率	annuity	0，1	问题 FN043_W4，回答“1. 参加了”和“2. 现在正在领取”的赋值为 1；回答“3. 没有参加也没有领取”的赋值为 0
解释变量	基本养老保险	pension_basic	0，1	根据问题 FN002_W4 和 FN058_W4，有一项参加或正在领取赋值为 1；均未参加赋值为 0
	补充养老保险	pension_sup	0，1	根据问题 FN030_W4，参加或正在领取赋值为 1；未参加赋值为 0
	社会基本医疗保险	med insurance_basic	0，1	根据问题 EA001_W4，情况 1～4 是社会基本医疗保险，完全没有赋值 0；有一项及以上赋值 1
	补充医疗保险	med insurance_sup	0，1	根据问题 EA002，有赋值 1；没有赋值 0

续表

类型	变量	变量代号	赋值	说明
控制变量	年龄	age	45~75 的离散值	被测当年（2018 年）的年龄
	年龄的平方	age^2	离散值	被测当年（2018 年）的年龄的平方
	性别	gender	0，1	根据问题 BA000_W2_3，男性为 1；女性为 0
	婚姻状态	marriage	0，1	根据问题 BE001，已婚赋值为 1；其他情况赋值为 0
	退休状态	retire	0，1	根据问题 FB011_W4，退休为 1；其他为 0
	城乡	area	0，1	根据区域编码，城镇为 1；农村为 0
	教育水平	education	0~9 的离散值	根据问题 BD001_W2_4 获得
	流动资产	liquid asset	连续值	个体现金和存款的总额，取自然对数
其他变量	子女数量	child	离散值	个体子女数量

资料来源：笔者设定或根据 CHARLS 数据计算。

三、描述性统计

表 5-3 展示了各变量的描述性统计基本信息。其中：

年金参与率的均值很小，仅约为 1%，说明我国当前的年金参与率很低。

社会基本养老保险和社会基本医疗保险的均值很高，达到 90%左右，这与我国当前社会基本医疗保障和社会基本医疗保障的推广和普及情况是相符的。

补充医疗保险的均值约为 12%，这说明我国的补充医疗已经获得了一定的发展。

补充养老保险的参与率仅为 6.2‰，还不足 1%，由于参与率过低，无法保证回归结果的有效性。本书不再对补充养老保险进行深入研究，仅列入解释变量中。

表 5-3　社会保障因素对年金化水平影响的变量描述性统计

类型	变量	变量代号	Obs	Mean	Std. dev.	Min	Max
被解释变量	年金参与率	annuity	8750	0.013	0.11	0	1
解释变量	社会基本养老保险	pension_ basic	8750	0.86	0.34	0	1
	补充养老保险	pension_ sup	8750	0.0062	0.08	0	1
	社会基本医疗保险	med insurance_ basic	8750	0.96	0.19	0	1
	补充医疗保险	med insurance_ sup	8750	0.12	0.32	0	1
控制变量	年龄	age	8750	60.54	7.86	45	75
	性别	gender	8750	0.48	0.50	0	1
	婚姻状态	marriage	8750	0.81	0.39	0	1
	退休状态	retire	7597	0.03	0.18	0	1
	城乡	area	8750	0.61	0.49	0	1
	教育水平	education	8750	3.56	1.88	1	10
	流动资产	liquid asset	7034	7.90	2.22	-4.61	16.12
其他变量	子女数量	child	8553	1.01	0.18	0	6

资料来源：笔者计算。

四、相关性检验

在进行回归之前，先进行相关性检验，以防止主要解释变量之间存在多重共线性问题。由相关性检验的结果（见表 5-4）来看，各主要变量之间的相关系数均小于 0.5。此外，方程膨胀因子（VIF）检验的结果显示各变量的 VIF 值均小于 2。因此，这里可以初步排除明显的多重共线性影响。

表 5-4　社会保障因素对年金化水平影响的相关性检验

	pension_ basic	pension_ sup	med insurance_ basic	med insurance_ sup	age	age^2
pension_ basic	1. 00					
pension_ sup	-0. 01	1. 00				
med insurance_ basic	0. 21	0. 02	1. 00			
med insurance_ sup	-0. 06	0. 08	-0. 44	1. 00		
age	0. 02	-0. 03	0. 00	-0. 08	1. 00	
age^2	0. 02	-0. 02	-0. 01	-0. 08	1. 00	1. 00
gender	0. 01	0. 04	0. 03	0. 00	0. 09	0. 09
marriage	0. 04	0. 02	0. 06	-0. 01	-0. 24	-0. 25
retire	0. 03	0. 04	0. 01	0. 02	-0. 01	-0. 02
area	0. 04	-0. 06	-0. 02	-0. 09	0. 03	0. 03
education	0. 07	0. 09	0. 08	0. 09	-0. 22	-0. 22
liquid asset	0. 04	0. 08	0. 05	0. 09	-0. 12	-0. 12

	gender	marriage	retire	area	education	liquid asset
gender	1. 00					
marriage	0. 14	1. 00				
retire	0. 01	0. 03	1. 00			
area	0. 02	-0. 01	-0. 17	1. 00		
education	0. 25	0. 17	0. 17	-0. 27	1. 00	
liquid asset	0. 13	0. 18	0. 11	-0. 18	0. 32	1. 00

资料来源：笔者计算。

第三节　计量模型

考虑到数据类型为离散数据，且被解释变量年金参与率是二元变量，本章主要使用 Logit 模型进行回归分析，并使用 Probit 模型和 Xtlogit 模型的计算结果作为参考。

本章构造的计量模型为：

$$annuity_i = \alpha_0 + \sum \alpha_i X_i + \sum \beta_i C_i + \varepsilon_i \tag{5.1}$$

其中，被解释变量是年金参与率(annuity)；X_i 表示解释变量，包括社会基本养老保险(pension_basic)、补充养老保险(pension_sup)、社会基本医疗保险(med insurance_basic)、补充医疗保险(med insurance_sup)；C_i 表示控制变量，包括年龄(age)、性别(gender)、婚姻状态(marriage)、退休状态(retire)、城乡(area)、教育水平(education)、流动资产(liquid asset)；ε_i 为残差。

第四节　基准回归

本章使用 STATA 17 对模型进行回归统计，主要使用 Logit 模型做基准回归，并使用 Probit 模型和 Logit 模型的结果作为对比和检验，得到以下基准回归结果：

解释变量中，社会基本养老保险、补充养老保险、社会基本医疗保险、补充医疗保险的回归结果均显著。社会基本养老保险和补充养老保险的参与率与年金参与率是显著的负相关，这说明从微观数据来看，我国基本养老保险对年金有较为显著的替代作用，即养老保险参与率越高，年金参与率越低。初步验证了本章的假设 H5.1。这一结果也符合了以往文献中的相关结论，认为社会养老保险与商业年金之间的功能是相似的（Brown，2001），社会保障增加会压缩个人养老年金的需求（Bernheim，1991）。社会医疗保险和补充医疗保险对年金化水平有显著的正向作用，初步验证了本章提出的假设 H5.2 和假设 H5.3。医疗保障水平的提高，能够为居民未来医疗费用提供保障，减少居民的预防性储蓄，弥补了年金流动性不足的缺点，有助于年金化需求的提高。

在控制变量中，教育水平、流动资产的回归结果显著。这与第三章的理论研究结果一致，认为财富水平增长能够促进个人资产的年金化（见表 5-5）。

表 5-5 社会保障因素对年金化水平影响的基准回归结果①

变量	(1) Logit	(2) Probit	(3) Xtlogit
pension_basic	-0.875*** (-2.75)	-0.358*** (-2.63)	-1.026*** (-3.13)
pension_sup	-1.665* (-1.69)	-0.814* (-1.75)	-1.510 (-1.36)
med insurance_basic	1.889** (2.25)	0.747** (2.08)	1.801** (2.29)
med insurance_sup	2.059*** (7.54)	0.891*** (7.43)	2.112*** (8.15)
age	-0.302 (-1.19)	-0.141 (-1.39)	-0.288 (-1.06)
age^2	0.00232 (1.08)	0.00108 (1.26)	0.00220 (0.95)
gender	0.0560 (0.23)	0.0129 (0.13)	0.152 (0.57)
marriage	0.559 (1.18)	0.243 (1.32)	0.527 (1.09)
retire	-0.601 (-0.99)	-0.309 (-1.20)	-0.709 (-1.02)
area	-0.228 (-0.86)	-0.109 (-1.04)	-0.271 (-0.99)
education	0.297*** (3.97)	0.127*** (3.99)	0.307*** (3.81)

① Xtlogit 模型与 Logit 模型的 hausman 检验结果无法拒绝原假设，即 Logit 模型的结果更优。

续表

变量	(1) Logit	(2) Probit	(3) Xtlogit
liquid asset	0.166*** (3.23)	0.0724*** (3.52)	0.177*** (2.74)
Constant	0.493 (0.07)	0.315 (0.11)	
N	6068	6068	5885
R^2	0.1970	0.1986	

注：* 表示 $p<0.1$，** 表示 $p<0.05$，*** 表示 $p<0.01$。括号内为 t 值。

资料来源：笔者计算。

第五节　内生性检验

由于在研究过程中可能存在遗漏变量、反向因果、度量误差等问题，基本回归结果有可能存在内生性问题，使回归估计结果有偏差。这里针对可能存在的内生性问题，采取了相应的措施。首先，增加了补充养老保险和补充医疗保险作为补充解释变量；其次，尽量全面地选取个体其他变量作为控制变量。由于预先措施或许仍然无法完全避免内生性问题，因此使用工具变量法进行进一步的内生性分析。

根据选择工具变量的标准，按照区域（省际）整体参保率维度，参考 Lewbel（1997）的方法，本节选取个体参保与区域平均参保率的差值作为工具变量，同时仍然参考陈强（2014）和袁微（2018）的方法，使用两阶段最小二乘模型和 IV_probit 模型做内生性检验。

结果显示，主要解释变量的回归系数和显著性稳健。内生变量与工具变量数量相同，这里不需要考虑过度识别问题；不可识别检验、弱工具变量检验等均通过。

综上所述，通过内生性检验可以说明，本章前文提出的研究结果基本稳健，社会基本医疗保险、社会基本养老保险、补充医疗保险对年金参与率有显著的解释作用（见表 5-6）。

表 5-6　社会保障因素对年金化水平影响的内生性检验结果

变量	(1) Reg	(2) 一阶段	(3) 二阶段	(4) IV_ Probit
pension_ basic	-0. 0102** (-1. 97)		-0. 0126*** (-2. 93)	-0. 461*** (-3. 48)
pension_ sup	-0. 0295 (-1. 01)		-0. 0279 (-1. 43)	-0. 740 (-1. 41)
med insurance_ basic	0. 0523*** (4. 14)		0. 0507*** (5. 78)	0. 743** (2. 47)
med insurance_ sup	0. 0632*** (5. 41)		0. 0629*** (12. 00)	0. 899*** (8. 04)
pension_ basic_ iv		1. 00289*** (298. 76)		
pension_ sup_ iv		0. 998*** (948. 39)		
med insurance_ basic_ iv		0. 998*** (666. 93)		
med insurance_ sup_ iv		0. 998*** (609. 24)		
控制变量	Y	Y		Y
不可识别检验		5644. 09		
Anderson canon. corr. LM statistic		P-val = 0. 0000		
弱工具变量检验		23007. 65		
Cragg-Donald Wald F statistic		10%maximal IV size 16. 83		
稳健弱识别检验		37. 66		
Anderson-Rubin Wald test		P-val = 0. 0000		

续表

变量	(1) Reg	(2) 一阶段	(3) 二阶段	(4) IV_Probit
N	6068	6012	6012	6012

注：* 表示 $p<0.1$，** 表示 $p<0.05$，*** 表示 $p<0.01$。括号内为 t 值。

资料来源：笔者计算。

第六节　稳健性检验

为了检验模型和基准回归的稳健性，本节使用改变计量方法、改变控制变量和改变样本容量三种方法进行稳健性检验。

一、改变计量方法

在改变计量方法的稳健性检验中，本节考虑年金参与率“稀有性”特点，使用修正 Logit 模型和补对数-对数模型分别进行计量回归，结果显示社会基本养老保险、社会基本医疗保险、补充医疗保险的相关系数变化不大且均显著，但补充养老保险的显著性有所降低（见表 5-7）。

表 5-7　社会保障因素对年金化水平影响的稳健性检验（改变计量方法）

变量	(1) Logit	(2) 修正 Logit	(3) 补对数-对数
pension_basic	−0.875*** (−2.75)	−0.887*** (−2.79)	−0.847*** (−2.78)
pension_sup	−1.665* (−1.69)	−1.207 (−1.23)	−1.532 (−1.57)

续表

变量	(1) Logit	(2) 修正 Logit	(3) 补对数-对数
med insurance_ basic	1. 889** (2. 25)	1. 654** (1. 98)	1. 841** (2. 30)
med insurance_ sup	2. 059*** (7. 54)	2. 046*** (7. 51)	1. 996*** (7. 53)
age	-0. 302 (-1. 19)	-0. 325 (-1. 29)	-0. 276 (-1. 13)
age^2	0. 00232 (1. 08)	0. 00253 (1. 19)	0. 00211 (1. 02)
gender	0. 0560 (0. 23)	0. 0550 (0. 22)	0. 0545 (0. 23)
marriage	0. 559 (1. 18)	0. 467 (0. 99)	0. 531 (1. 12)
retire	-0. 601 (-0. 99)	-0. 446 (-0. 74)	-0. 538 (-0. 91)
area	-0. 228 (-0. 86)	-0. 228 (-0. 86)	-0. 211 (-0. 81)
education	0. 297*** (3. 97)	0. 292*** (3. 91)	0. 284*** (3. 98)
liquid asset	0. 166*** (3. 23)	0. 163*** (3. 19)	0. 161*** (3. 18)
Constant	0. 493 (0. 07)	1. 563 (0. 21)	-0. 162 (-0. 02)
N	6068	6068	6068
R^2	0. 1970		

注：* 表示 $p<0.1$，** 表示 $p<0.05$，*** 表示 $p<0.01$。括号内为 t 值。

资料来源：笔者计算。

二、改变控制变量

在改变控制变量的稳健性检验中，去掉控制变量后，社会基本养老保险、社会基本医疗保险、补充医疗保险的影响系数绝对值均有所增大，且显著性保持在较高水平，但补充养老保险的影响不再显著（见表 5-8）。

表 5-8 社会保障因素对年金化水平影响的稳健性检验（改变控制变量）

变量	(1) 保留控制变量	(2) 去掉控制变量
pension_ basic	−0. 875*** (−2. 75)	−0. 968*** (−3. 92)
pension_ sup	−1. 665* (−1. 69)	0. 0356 (0. 05)
med insurance_ basic	1. 889** (2. 25)	2. 118*** (3. 73)
med insurance_ sup	2. 059*** (7. 54)	2. 514*** (12. 06)
age	−0. 302 (−1. 19)	
age^2	0. 00232 (1. 08)	
gender	0. 0560 (0. 23)	
marriage	0. 559 (1. 18)	
retire	−0. 601 (−0. 99)	
area	−0. 228 (−0. 86)	
education	0. 297*** (3. 97)	
liquid asset	0. 166*** (3. 23)	
Constant	0. 493 (0. 07)	−6. 381*** (−11. 40)
N	6068	8750
R^2	0. 1970	0. 1226

注：* 表示 $p<0.1$，** 表示 $p<0.05$，*** 表示 $p<0.01$。括号内为 t 值。

资料来源：笔者计算。

三、改变样本容量

在改变样本容量的稳健性检验中，本节随机地减少了部分省份的数据，回归结果显示，社会基本养老保险、社会基本医疗保险、补充医疗保险的相关系数变化不大且均显著，但补充养老保险的显著性有所降低（见表 5-9）。

表 5-9　社会保障因素对年金化水平影响的稳健性检验（改变样本容量）

变量	(1) 整体	(2) 去掉前 5 个省份样本	(3) 去掉后 5 个省份样本
pension_ basic	-0. 875*** (-2. 75)	-1. 080*** (-3. 19)	-1. 087*** (-3. 13)
pension_ sup	-1. 665* (-1. 69)	-1. 437 (-1. 46)	-1. 499 (-1. 53)
med insurance_ basic	1. 889** (2. 25)	1. 791** (2. 11)	2. 462** (2. 10)
med insurance_ sup	2. 059*** (7. 54)	2. 186*** (6. 84)	2. 154*** (6. 89)
age	-0. 302 (-1. 19)	-0. 325 (-1. 20)	-0. 192 (-0. 65)
age^2	0. 00232 (1. 08)	0. 00262 (1. 15)	0. 00152 (0. 60)
gender	0. 0560 (0. 23)	0. 119 (0. 43)	0. 145 (0. 51)
marriage	0. 559 (1. 18)	0. 415 (0. 86)	0. 890 (1. 53)
retire	-0. 601 (-0. 99)	-0. 963 (-1. 36)	-0. 800 (-1. 12)
area	-0. 228 (-0. 86)	-0. 230 (-0. 78)	-0. 304 (-1. 05)
education	0. 297*** (3. 97)	0. 306*** (3. 48)	0. 289*** (3. 25)
liquid asset	0. 166*** (3. 23)	0. 139** (2. 37)	0. 178*** (3. 16)

续表

变量	(1) 整体	(2) 去掉前 5 个省份样本	(3) 去掉后 5 个省份样本
Constant	0.493 (0.07)	1.410 (0.18)	-4.061 (-0.47)
N	6068	4603	5232
R^2	0.197	0.2008	0.2125

注：* 表示 $p<0.1$，** 表示 $p<0.05$，*** 表示 $p<0.01$。括号内为 t 值。
资料来源：笔者计算。

综上所述，通过不同方法的稳健性检验，本章的模型和回归结果均表现出较高的稳健性。其中，在核心解释变量中，社会基本养老保险、社会基本医疗保险的影响系数的显著性、稳健性都很高；在补充解释变量中，补充医疗保险的影响系数的显著性、稳健性很高；但在补充解释变量中，补充养老保险的显著性的稳健性较低，推测其原因可能是由于补充养老保险的参与率过低，对年金参与率的影响较弱。

第七节 进一步分析

一、异质性分析

本章分别按照年龄和城乡的不同进行异质性分析。

（一）按照年龄分组的异质性分析

根据年龄分组的异质性分析结果，主要解释变量在老年组的影响更加显著。其中，社会基本养老保险和社会基本医疗保险仅在老年组显著，在中间组不再显著；补充医疗保险在老年组和中年组均显著，但在老年组的影响系数绝对值更大（见表 5-10）。

表 5-10　社会保障因素对年金化水平影响的异质性分析（按照年龄分组）

变量	(1) 基准回归	(2) 老年组	(3) 中年组
pension_ basic	-0. 875*** (-2. 75)	-1. 791*** (-3. 37)	-0. 435 (-1. 05)
pension_ sup	-1. 665* (-1. 69)	-17. 34*** (-14. 26)	-1. 450 (-1. 40)
med insurance_ basic	1. 889** (2. 25)	15. 96*** (18. 93)	1. 320 (1. 51)
med insurance_ sup	2. 059*** (7. 54)	3. 063*** (5. 25)	1. 836*** (6. 16)
age	-0. 302 (-1. 19)	3. 644 (1. 30)	-0. 877 (-0. 88)
age^2	0. 00232 (1. 08)	-0. 0270 (-1. 29)	0. 00772 (0. 80)
gender	0. 0560 (0. 23)	-0. 0707 (-0. 11)	0. 0658 (0. 23)
marriage	0. 559 (1. 18)	-0. 00500 (-0. 01)	0. 947 (1. 35)
retire	-0. 601 (-0. 99)	-2. 347*** (-2. 98)	-0. 322 (-0. 41)
area	-0. 228 (-0. 86)	-0. 357 (-0. 63)	-0. 347 (-1. 15)
education	0. 297*** (3. 97)	0. 763*** (4. 33)	0. 197** (2. 31)
liquid asset	0. 166*** (3. 23)	0. 213* (1. 80)	0. 161*** (2. 76)
Constant	0. 493 (0. 07)	-147. 2 (-1. 58)	16. 23 (0. 63)
N	6068	3041	3027
R^2	0. 197	0. 3226	0. 1503

注：* 表示 $p<0.1$，** 表示 $p<0.05$，*** 表示 $p<0.01$。括号内为 t 值。

资料来源：笔者计算。

（二）按照城乡分组的异质性分析

根据城乡分组的异质性分析结果，主要解释变量在城镇组的影响更加显著。其中，社会基本养老保险和社会基本医疗保险仅在城镇组显著，在乡村组不显著；补充医疗保险在城镇组和乡村组均显著，且影响系数绝对值相差不大。这说明，我国基本社会保障存在显著的城乡差异，在乡村的基本社会保障影响不明显（见表5-11）。

表5-11　社会保障因素对年金化水平影响的异质性分析（按照城乡分组）

变量	(1) 基准回归	(2) 城镇	(3) 乡村
pension_ basic	-0.875*** (-2.75)	-1.287*** (-3.22)	-0.418 (-0.87)
pension_ sup	-1.665* (-1.69)	-15.26*** (-13.55)	-1.561 (-1.56)
med insurance_ basic	1.889** (2.25)	15.71*** (30.84)	1.031 (1.06)
med insurance_ sup	2.059*** (7.54)	2.138*** (5.55)	2.049*** (5.20)
age	-0.302 (-1.19)	-0.288 (-0.71)	-0.197 (-0.61)
age^2	0.00232 (1.08)	0.00207 (0.61)	0.00160 (0.58)
gender	0.0560 (0.23)	0.513 (1.33)	-0.298 (-0.88)
marriage	0.559 (1.18)	0.631 (0.84)	0.518 (0.85)
retire	-0.601 (-0.99)	0.430 (0.46)	-1.122 (-1.52)
area	-0.228 (-0.86)	0 (.)	0 (.)
education	0.297*** (3.97)	0.161 (1.29)	0.373*** (3.79)

续表

变量	(1) 基准回归	(2) 城镇	(3) 乡村
liquid asset	0.166*** (3.23)	0.220*** (3.08)	0.103 (1.41)
Constant	0.493 (0.07)	-13.47 (-1.14)	-2.174 (-0.23)
N	6068	4050	2018
R^2	0.197	0.1680	0.2117

注：* 表示 $p<0.1$，** 表示 $p<0.05$，*** 表示 $p<0.01$。括号内为 t 值。

资料来源：笔者计算。

二、调节效应分析

首先，根据以往文献和本书的理论研究结果，遗赠动机能够降低年金化需求（Davidoff et al.，2005；Lockwood，2012）。子女数量是常用的衡量遗赠动机的代理变量。其次，也有研究认为家庭可以看作一个小型的年金市场，对年金有一定的替代作用（Kotlikoff et al.，1981；Dushi and Webb，2004）。因此，本节使用子女数量作为调节变量来进行调节效应检验，以进一步研究社会保障对年金化水平的影响机制。

调节效应检验结果显示，子女数量对补充医疗保险有显著的调节作用。第一，在基准回归加入调节变量（子女数量）后，主要解释变量的影响系数和显著性保持稳健，仍然是社会基本养老保险对年金参与有显著的负向影响，社会基本医疗保险和补充医疗保险对年金参与有显著的正向影响；而且，子女数量的影响系数显著为负，这说明子女数量越多，年金参与率则越低，这与以往文献和本书理论研究相符。第二，从去中心化交互项的回归系数和显著性来看，子女数量对补充医疗的调节作用显著，子女数量与补充医疗保险去中心化交互项的回归系数显著为负，这说明子女数量将减弱补充医疗保险对年金参与的促进作用；子女数量与社会基本养老保险及社会基本医疗保险的去中心化交互项回归结果不显著，这说明子女数量对社会基本养老保险及社会基本医疗保险不存在显著的调节作用（见表5-12）。得出这个结论的原因是数据不足，首先，本章使用的数据为是否参与了社会基本养老保险及社会基本医疗保险，并未获得个体的社会基本养老保障水平和社会基本医疗保障水平；其次，本章中社会基本养老保险及社会基本医疗保险的参与率已经达到了很高的水平。

表 5-12 社会保障因素对年金化水平影响的调节效应回归结果

变量	(1) 基准回归	(2) 基准回归 2	(3) 调节效应 (去中心化)- 基本养老	(4) 调节效应 (去中心化)- 基本医疗	(5) 调节效应 (去中心化)- 补充医疗
pension_ basic	-0.875*** (-2.75)	-0.911*** (-2.83)	-0.930*** (-2.92)	-0.911*** (-2.83)	-0.911*** (-2.83)
pension_ sup	-1.665* (-1.69)	-1.445 (-1.49)	-1.445 (-1.49)	-1.445 (-1.49)	-1.445 (-1.49)
med insurance_ basic	1.889** (2.25)	1.884** (2.23)	1.884** (2.23)	1.877** (2.24)	1.884** (2.23)
med insurance_ sup	2.059*** (7.54)	2.073*** (7.48)	2.073*** (7.48)	2.073*** (7.48)	2.022*** (7.37)
child		-12.22*** (-23.73)	-12.26*** (-24.40)	-12.20*** (-24.54)	-11.96*** (-38.14)
c_ pension_ basic_ child			-1.310 (-1.40)		
c_ med insurance_ basic_ child				-0.500 (-0.34)	
c_ med insurance_ sup_ child					-3.466*** (-4.09)
Constant	0.493 (0.07)	12.63* (1.69)	12.69* (1.70)	12.62* (1.69)	12.38* (1.66)
控制变量	Y	Y	Y	Y	Y

续表

变量	(1) 基准回归	(2) 基准回归 2	(3) 调节效应 (去中心化)- 基本养老	(4) 调节效应 (去中心化)- 基本医疗	(5) 调节效应 (去中心化)- 补充医疗
N	6068	5924	5924	5924	5924
R^2	0.1970	0.2002	0.2002	0.2002	0.2002

注：* 表示 $p<0.1$，** 表示 $p<0.05$，*** 表示 $p<0.01$。括号内为 t 值。

资料来源：笔者计算。

三、影响机制分析

根据本书的理论分析和过往文献，社会养老保障和社会医疗保障通过影响个体的消费、储蓄、医疗费用等因素，对年金化水平造成影响。其中，社会养老保障与个人养老年金有类似的功能，能够提高个体的资产水平，提高个体消费水平，降低个体储蓄水平，从而降低个体对年金的需求。社会医疗保障能够降低个体医疗费用水平，平滑医疗费用支出，降低健康风险冲击，从而降低个体的预防动机，提高个体对年金的需求。

本节使用 CHARLS 2018 年的数据，用实证的方法检验社会医疗保障的影响机制。由于微观数据不足，本节没有对社会养老保障的影响机制进行实证检验。本节选取医疗费用自付比例来衡量个体医疗保障的水平，具体的变量选取和数值计算如表 5-13 所示。

表 5-13　社会保障因素对年金化水平影响的机制分析变量赋值

类型	变量	变量代号	赋值	说明
被解释变量	医疗费用自付比例	self_paid	连续值	根据问题 ED007 与 ED006 计算，最近 1 个月医疗费用自付金额与总金额的比

续表

类型	变量	变量代号	赋值	说明
解释变量	社会基本医疗保险	medinsurance_ basic	0，1	根据问题 EA001_ W4，情况 1~4 是社会基本医疗保险，完全没有赋值 0；有一项及以上赋值 1
控制变量	与基准回归相同（年龄、年龄的平方、性别、婚姻状态、退休状态、城乡、教育水平、流动资产）			

资料来源：笔者设定或根据 CHARLS 数据计算。

根据表 5-14 的回归结果，社会基本医疗保险能够对医疗费用自付比例产生显著的负向影响，即社会基本医疗保险显著地降低了个体医疗费用的自付比例，从而降低了个体的预防动机，增加个体年金化需求。

表 5-14　社会基本医疗保险的机制分析结果

变量	(1) 医疗费用自付比例
medinsurance_ basic	-0.0727*** (-2.15)
控制变量	Y
N	470
R^2	0.0316

注：*表示 $p<0.1$，**表示 $p<0.05$，***表示 $p<0.01$。括号内为 t 值。
资料来源：笔者计算。

本章小结

基于本章第一节的理论分析和第三章的理论即数值解研究，结合积极老龄化政策框架，本章重点研究社会保障因素对年金参与的影响，其中包括社会养老保障和社会医疗保障。本章主要使用 Logit 模型，以 Probit 模型等其他模型作为参考，进行了内生性检验、稳健性检验和进一步分析。从计量分析的结果来看，社会保障因素对年金化水平有显著的影响，同时存在较为明显的城乡异质性。

一、社会基本养老保障对年金化水平有显著的负向影响

社会基本养老保险对年金化水平有显著的负向影响，这一结果与 Dushi 和 Webb（2004）、秦云和郑伟（2018），以及本书第三章理论研究的研究结果一致。从微观上来看，社会基本养老保险与个人养老年金有显著的替代作用，验证了假设 H5. 1。

二、社会医疗保障对年金化水平有显著的正向影响

社会医疗保险可分为社会基本医疗保险和补充医疗保险。社会基本医疗保险和补充医疗保险均对年金化水平有显著的正向影响。这一结论和 Davidoff 等（2005）、秦云和郑伟（2018），以及陈秉正等（2020）的研究结果相吻合，验证了假设 H5. 2 和假设 H5. 3。

三、社会保障对年金化水平的影响存在年龄和城乡异质性

本章分别按照年龄和城乡的不同进行异质性分析。结果显示，社会基本养老保险和社会基本医疗保险存在显著的年龄和城乡差异，在老年组和城镇组的影响更加显著。尤其是通过对比城镇组和乡村组发现，我国的社会基本保障水平存在显著的城乡差距。

补充医疗保险按照年龄和城乡分组后均保持了较高的显著性，这说明补充医疗保险对年金化水平的影响非常稳健。

四、子女数量对补充医疗保险的影响存在调节效应

子女数量是衡量遗赠动机和家庭保障的重要指标，本书分析了子女数量对主要解释变量的调节效应。结果显示：

第一，子女数量对年金化水平有显著的负向影响，这与过往文献和本书第三章的理论研究结果一致。第二，子女数量对社会基本养老保险和社会基本医疗保险不存在显著的调节效应。第三，子女数量对补充医疗保险存在显著的调节效应，子女数量将减弱补充医疗保险对年金参与的促进作用。结合我国当前低生育率和家庭规模缩小的现实情况，预计未来家庭对年金的替代作用以及对补充医疗保险的调节作用将减弱。

第六章　个人资产最优年金化时间的理论研究

本书第三章构建了基于生命周期的终生效用函数，并得到了最优化模型的初始状态。本章在初始模型的基础上，调整得到最优年金化时间的理论模型，并综合参考积极老龄化理论，根据中国实际情况，对相关变量赋值，用数值法求解最优年金化时间，并对比在不同情景下最优年金化时间的变化情况。

本章的研究结构如下：第一节为模型建立，在第三章初始模型的基础上进行调整，得到研究最优年金化时间的模型；第二节为系数和变量的数值选取，根据中国具体情况，对各参数和变量赋值；第三节为求解方法介绍；第四节为基准情景的最优年金化时间数值解求解，并得到最优年金化时间曲线；第五节为不同情景下的最优年金化时间数值解求解，并从理论角度研究了最优年金化时间的影响因素；第六节为参数敏感性分析，研究不同参数变化情况下最优年金化时间的变化情况；最后为本章小节。

第一节　最优年金化时间的理论模型建立

在第三章第一节建立的初始最优年金化模型的基础上，进行调整得到最优年金化时间的模型。

这里仍然假设投资者在退休后有且仅有一次年金化机会，但不同于初始模型假设的年金化时间，即 $t=0$ 期，这里假设投资者可以任意选择年金化的时间 t^*（$t\geqslant0$）。最优年金化时间 T^* 指的是投资者终生效用最大化的年金化时间。

这里与上一章相同，为了方便研究，风险资产中不再区分股票和债券，用 B_t 表示对风险资产的配置。

最优年金化时间的模型可表达为：

$$\max U(C,\ W) \tag{6.1}$$

即：

$$\max E_0\left\{\sum_{t=0}^{T}\beta^t\left(\prod_{s=0}^{t}p_s\right)\left[p_t\frac{C_t^{1-\gamma}}{1-\gamma}+\beta(1-p_t)b\frac{W_{t+1}^{1-\gamma}}{1-\gamma}\right]\right\} \tag{6.2}$$

约束条件：

$$W_t+Y_t=A_t+B_t+C_t+H_t \tag{6.3}$$

$$W_{t+1}=(W_t+Y_t-A_t-H_t-C_t)(1+R_{Bt})+L_t+P_t \tag{6.4}$$

其中，E_0 是期望因子；C_t 是第 t 期的消费；γ 是风险厌恶系数，数值越大，风险厌恶程度越高；β 是主观折现系数，数值范围是 0~1，越接近 1，折现程度越小；p_s 是在第 s 期存活（从第 s 期期初存活到第 s 期期末）的概率；b 为遗产效用系数，数值越大，遗赠动机越强；W_t 为第 t 期期初的可支配资产；A_t 为第 t 期期初购买年金的量；H_t 为第 t 期的健康费用支出；C_t 为

第 t 期的消费；B_t 为第 t 期期初投资风险资产的量；R_{Bt} 为第 t 期风险资产的收益率；Y_t 为第 t 期期初获得的年金给付；P_t 为第 t 期期初获得的社会养老金；L_t 为第 t 期期末获得的劳动收入。

W_t，A_t，H_t，C_t，B_t，R_{Bt}，Y_t，$L_t \geqslant 0$，$A_t \leqslant W_t$

当 $t \neq t^*$ 时，$At=0$

当 $t<t^*$ 时，$Y_t=0$；当 $t \geqslant t^*$ 时，$Y_t=Y_{t^*}$

$0 \leqslant \omega_t \leqslant 1$

由于年金化的时间 t^* 在当前不确定，使年金因子、年金给付都与之前不同。

即，当 $t \neq t^*$ 时，$A_t=0$

年金化率 r 可表达为：

$$r=\frac{A_{t^*}}{W_{t^*}} \tag{6.5}$$

t^* 时的年金因子可表达为：

$$a_{t^*} = (1+\delta)\sum_{n=t^*}^{T}(1+R_f)^{-(n-t^*)}\prod_{s=t^*}^{n}p_s \tag{6.6}$$

则，年金给付可表达为：

当 $t<t^*$ 时，$Y_t=0$；当 $t \geqslant t^*$ 时，$Y_t=Y_{t^*}$

$$Y_{t^*} = \frac{rW_{t^*}}{a_{t^*}} = \frac{rW_{t^*}}{\left[(1+\delta)\sum_{n=t^*}^{T}(1+R_f)^{-(n-t^*)}\prod_{s=t^*}^{n}p_s\right]} \tag{6.7}$$

由此可以看出，在最优年金化时间的模型中，效用函数部分与最优年金化率的模型相同，主要区别是动态约束条件中，年金购买 A_t 和年金给付 Y_t 发生了变化。

根据 Horneff 等（2008），模型中劳动收入不可交易，年金产品不可赎回且不可卖空，这类最优化模型不存在解析解，因此本章使用数值解方法进行研究和讨论。

本章求解的目标是得到各种情景下不同初始财富情况下的最优年金化时间 T^*。即，在终生效用最大化时，购买年金的时间。本章将不同初始财富情况下的最优年金化时间 T^* 的求解结果绘制成二维的最优年金化时间曲线。其中，横轴是初始财富 W_0，纵轴是最优年金化时间 T^*。每一个不同的情景，可以得到一个特定情景下的最优年金化时间曲线。

最优年金化时间 T^* 可以表达为，在特定情景 S 下，初始可支配财富 W_0 的函数：

$$T^* = \underset{t^*}{\arg\max} U_S(W_0) \tag{6.8}$$

其中，$S=S$（p_s，R_{Bt}；γ，β，b；H_t，P_t，L_t；r）

因此，T^* 由初始可支配财富 W_0 和情景 S 决定，其中的影响因子可以分为四类：①外部因素，包括宏观因素和背景因素等（p_s，R_{Bt}）；②个人偏好因素（γ，β，b）；③个人情况因素（H_t，P_t，L_t）；④年金化水平（r）。

第二节　系数和变量的数值选取

本章参考第四章最优年金化率的数值解使用的系数和变量取值。

其中，年金因子的计算依据为：

t^* 时的年金因子可表达为：

$$a_{t^*} = (1+\delta)\sum_{n=t^*}^{T}(1+R_f)^{-(n-t^*)}\prod_{s=t^*}^{n}p_s \tag{6.9}$$

在精算公平的条件下（无附加费用），可以计算得到年金因子矩阵。

本书计算的男性不同年龄年金因子矩阵如表 6-1 所示。

表 6-1　年金因子列表（男性）

年龄	年金因子	年龄	年金因子	年龄	年金因子
60	18. 23245861	76	5. 612581569	92	0. 366556063
61	17. 23711861	77	5. 052571745	93	0. 275674892
62	16. 27094353	78	4. 521607036	94	0. 202842811
63	15. 33346903	79	4. 020675763	95	0. 145699328
64	14. 42426419	80	3. 550747004	96	0. 101907852
65	13. 54293158	81	3. 11267804	97	0. 069209504
66	12. 68910343	82	2. 707127042	98	0. 045481031
67	11. 86243951	83	2. 334484232	99	0. 028790655
68	11. 06262563	84	1. 994823764	100	0. 017443153
69	10. 28937805	85	1. 687879725	101	0. 010008059
70	9. 542456351	86	1. 413044427	102	0. 005327962
71	8. 821686383	87	1. 169376525	103	0. 002507397
72	8. 126990708	88	0. 955638173	104	0. 000885806
73	7. 458422369	89	0. 770326187	105	0
74	6. 816196926	90	0. 611700574		
75	6. 200716884	91	0. 477815914		

资料来源：笔者计算。

第三节　求解方法

本章仍然使用遗传算法对最优年金化时间模型的数值解进行计算求解。遗传算法是一种全局启发式搜索算法，具有操作简单和应用范围广泛的优点。本章在第三章的求解方法基础上进行调整，得到求解最优年金化时间的算法。

首先，本章调整了求解目标，将年金化时间作为求解的目标，年金化率则指定一个固定值。其次，考虑到遗传算法具有需要的算力较高的缺点，年金化时间的求解算力需求高于年金化率的求解时间，本章将初始财富求解跨度增加到 5 万元（第三章中求解使用的跨度为 1 万元），以减少求解需要的算力和时间。最后，考虑到遗传算法结果波动性较大的缺点，本章对求解结果进行了平滑处理。

遗传算法的操作步骤，与第三章第三节类似，这里不再重复介绍。具体求解代码请见附件二。

第四节　基准情景下的最优年金化时间数值解求解

与第三章类似，这里也是以男性的数据为例，求解最优年金化时间。

参考第三章情景设置，结合本章特点，基准情景参数如表 6-2 所示。

表 6-2　基准情景参数

系数/变量	符号	基准情景
初始财富	W_0	0~300 万元
生存年限	T	0~45 岁，60 岁退休，存活年限为 105 岁
风险厌恶系数	γ	2
主观贴现因子	β	0.98
遗产效用系数	b	2
年金定价利率	R_f	2.5%
风险资产收益率	R_r	3.5%
初始财富	W_0	0~300 万元
年金因子	a^*	精算公平的条件下（无附加费用）， 计算得到：男性年金因子数据
医疗费用支出	H	根据健康状态和初始医疗费用支出计算

续表

系数/变量	符号	基准情景
退休后劳动收入	L	根据健康状态和初始退休后劳动收入计算
基本养老金收入（年）	P	根据中档（2.4万元）计算

资料来源：笔者设定或计算。

计算得到中等年金化率水平（r=0.5）时的基准情景下的最优年金化时间，经过平滑处理后如图6-1所示。通过图形可以看到，最优年金化时间曲线呈“U”字形，并可以根据初始财富水平表现出不同的特点，最优年金化时间的数据范围在1~8。这说明在基准情景下（60岁退休，年金化率为0.5）退休后立即年金化并不是最优的，这与Milevsky和Young（2007）的研究结果类似。

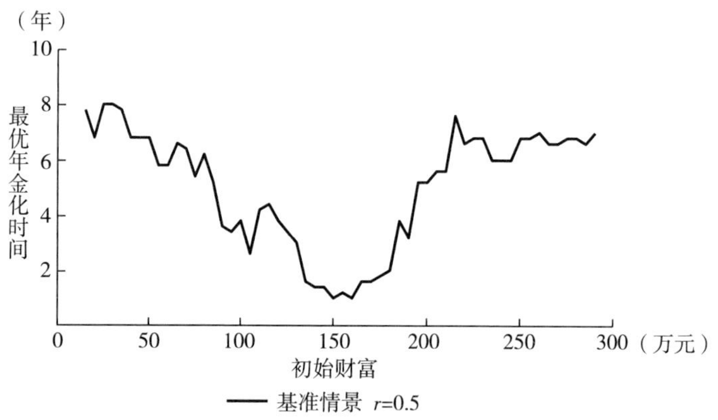

图6-1　最优年金化时间曲线——基准情景

资料来源：笔者计算。

这里将初始财富分为三档：较低初始财富水平（0~100万元）、中等财富水平（100万~200万元）、较高财富水平（200万~300万元）。在较低初始财富阶段，最优年金化时间呈下降趋势，波动性较大；在中等初始财富阶段，最优年金化时间基本稳定在较低水平；在较高初始财富阶段，最优年金化时间快速上升，并稳定在较高水平。

本书使用不同阶段最优年金化时间的平均值进行比较分析。整体的平均最优年金化年龄为 65.22 岁，较低财富阶段的平均最优年金化年龄为 66.2 岁，中等财富阶段的平均最优年金化年龄为 62.65 岁，较高财富阶段的平均最优年金化年龄为 66.8 岁（见表 6-3）。

表 6-3　最优年金化时间分析——基准情景

阶段	最优年金化时间 平均值（年）	最优年金化年龄 平均值（岁）(60 岁退休)
整体	5.22	65.22
较低初始财富阶段	6.20	66.20
中等初始财富阶段	2.65	62.65
较高初始财富阶段	6.80	66.80

资料来源：笔者计算。

第五节　不同情景下的最优年金化时间数值解求解

一、不同情景构建

参考第三章的情景设置，根据健康状态、医疗费用水平、社会基本养老、退休后劳动收入等因素构建不同的情景（见表 6-4）。

表 6-4　不同情景设定

情景	健康状态	医疗费用水平	退休后劳动收入
情景一	好	低，0.5 * Ht	有/无
情景二	好	高，1 * Ht	有/无
情景三	差	低，1 * Ht	无

续表

情景	健康状态	医疗费用水平	退休后劳动收入
情景四	差	高，1.5 * Ht	无
情景五	高、中、低、无四档社会基本养老金收入		

数据来源：笔者设定。

二、不同情景下的最优年金化率分析

（一）情景一：健康状态好，医疗费用水平低，有退休劳动收入或无退休劳动收入

从计算结果（见表 6-5）和图形（见图 6-2）来看，情景一的最优年金化时间曲线与基准情景类似，基本呈“U”形。其中，情景一（有退休劳动收入）的最优年金化时间较基准情景略有增加，情景一（无劳动收入）的最优年金化时间较基准情景略有降低。这一差距在较高初始财富阶段表现得更加明显，在较高初始财富阶段，三种情景的最优年金化时间分别是 6.8 年、7.8 年、5.95 年。

另外，从图 6-2 可以看出，情景一（无退休劳动收入）的曲线较基准情景明显地向左移动了，曲线更早下降，且更早上升。

表 6-5　最优年金化时间分析——情景一

阶段	基准情景		情景一（有退休劳动收入）		情景一（无退休劳动收入）	
	最优年金化时间平均值（年）	最优年金化年龄平均值（岁）（60 岁退休）	最优年金化时间平均值（年）	最优年金化年龄平均值（岁）（60 岁退休）	最优年金化时间平均值（年）	最优年金化年龄平均值（岁）（60 岁退休）
整体	5.22	65.22	5.40	65.40	4.90	64.90
较低初始财富阶段	6.20	66.20	6.15	66.15	4.20	64.20

续表

阶段	基准情景		情景一（有退休劳动收入）		情景一（无退休劳动收入）	
	最优年金化时间平均值（年）	最优年金化年龄平均值（岁）（60 岁退休）	最优年金化时间平均值（年）	最优年金化年龄平均值（岁）（60 岁退休）	最优年金化时间平均值（年）	最优年金化年龄平均值（岁）（60 岁退休）
中等初始财富阶段	2.65	62.65	2.25	62.25	4.55	64.55
较高初始财富阶段	6.80	66.80	7.80	67.80	5.95	65.95

资料来源：笔者计算。

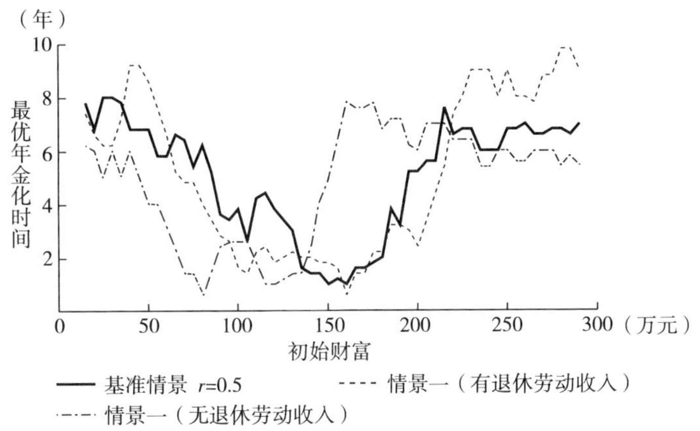

图 6-2　最优年金化时间曲线——情景一

资料来源：笔者计算。

（二）情景二：健康状态好，医疗费用水平高，有退休劳动收入或无退休劳动收入

情景二的有退休劳动收入情景与基准情景相同。从表 6-6 和图 6-3 可以看到，情景二（无退休劳动收入）的最优年金化时间曲线较基准情景明显地向左下方移动。整体水平低于基准情景，更早地下降到较低位置，并更早地上升到较高水平。

表 6-6 最优年金化时间分析——情景二

阶段	基准情景/情景二（有退休劳动收入）		情景二（无退休劳动收入）	
	最优年金化时间平均值（年）	最优年金化年龄平均值（岁）（60 岁退休）	最优年金化时间平均值（年）	最优年金化年龄平均值（岁）（60 岁退休）
整体	5.22	65.22	4.8	64.8
较低初始财富阶段	6.2	66.2	3.1	63.1
中等初始财富阶段	2.65	62.65	4.3	64.3
较高初始财富阶段	6.8	66.8	7	67

资料来源：笔者计算。

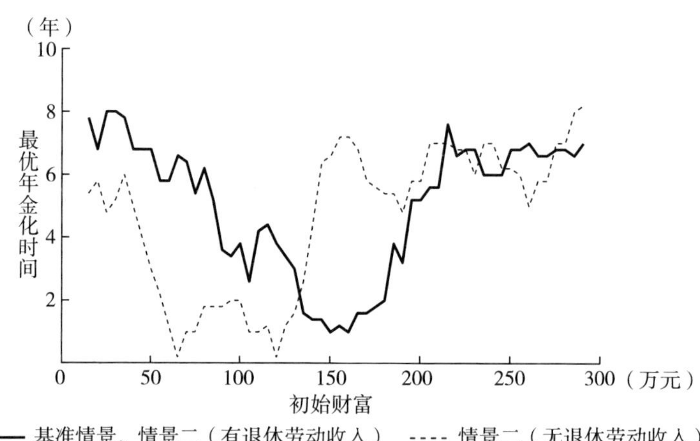

图 6-3 最优年金化时间曲线——情景二

资料来源：笔者计算。

（三）情景三：健康状态差，医疗费用水平低，退休劳动少；情景四：健康状态差，医疗费用水平高，退休劳动少

从计算结果（见表 6-7）和图形（见图 6-4）来看，情景三和情景四

的最优年金化时间曲线类似，都比基准情景明显下降，整体平均最优化时间约为 2.8 年，比基准情景低 2.4 年。虽然也基本呈现两边高中间低的特点，但整体水平较低。

情景四的整体平均最优年金化时间比情景三略低。

表 6-7　最优年金化时间分析——情景三、情景四

阶段	基准情景		情景三		情景四	
	最优年金化时间平均值（年）	最优年金化年龄平均值（岁）（60 岁退休）	最优年金化时间平均值（年）	最优年金化年龄平均值（岁）（60 岁退休）	最优年金化时间平均值（年）	最优年金化年龄平均值（岁）（60 岁退休）
整体	5.22	65.22	2.82	62.82	2.80	62.80
较低初始财富阶段	6.2	66.2	2.95	62.95	2.4	62.4
中等初始财富阶段	2.65	62.65	1.8	61.8	1.75	61.75
较高初始财富阶段	6.8	66.8	3.7	63.7	4.25	64.25

资料来源：笔者计算。

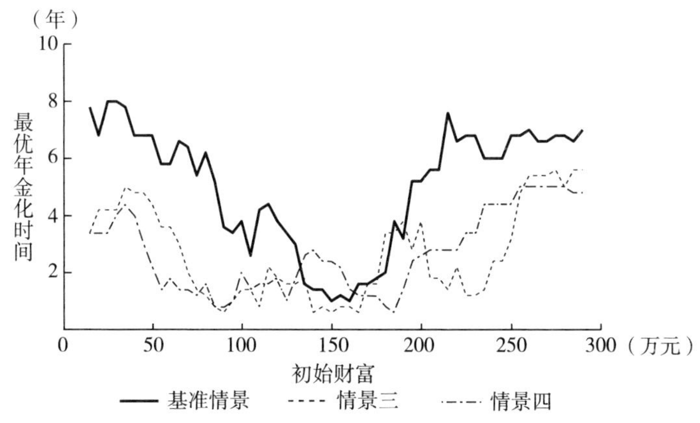

图 6-4　最优年金化时间曲线——情景三、情景四

资料来源：笔者计算。

（四）情景五：不同社会基本养老金水平

从计算结果（见表6-8）和图形（见图6-5）来看，不同社会基本养老金的情景，其最优年金化时间表现出不同的特点。社会基本养老金水平对最优年金化时间有显著的负向影响。在高档社会基本养老金情景下，平均最优年金化时间最短，为4.08年；在低档社会基本养老金情景下，平均最优年金化时间最长，为6.45年。

表6-8　最优年金化时间分析——情景五

初始财富阶段	高档社会基本养老金		中档社会基本养老金（基准情景）		低档社会基本养老金	
	最优年金化时间平均值（年）	最优年金化年龄平均值（岁）（60岁退休）	最优年金化时间平均值（年）	最优年金化年龄平均值（岁）（60岁退休）	最优年金化时间平均值（年）	最优年金化年龄平均值（岁）（60岁退休）
整体	4.08	64.08	5.22	65.22	6.45	66.45
较低	5.5	65.5	6.2	66.2	4.65	64.65
中等	4.75	64.75	2.65	62.65	7.45	67.45
较高	2	62	6.8	66.8	7.25	67.25

资料来源：笔者计算。

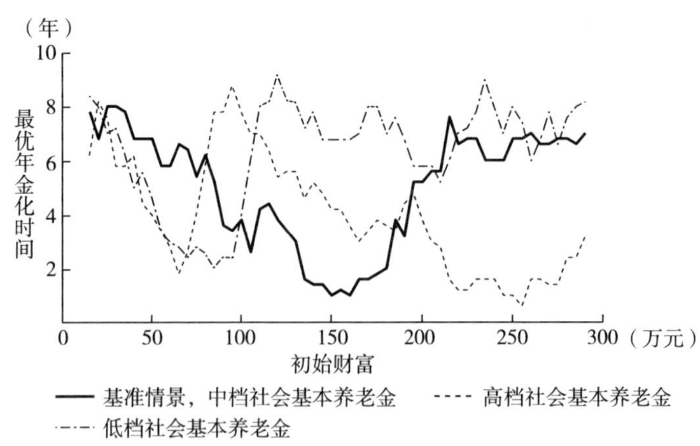

图6-5　最优年金化时间曲线——情景五

资料来源：笔者计算。

（五）几种情景的比较分析

根据上述五种情景的计算结果可以看出：

在情景一中，退休者拥有良好的健康状态和较低医疗费用水平，当有退休劳动收入时，最优年金化时间高于基准情景；在情景二中，退休者拥有良好的健康状态和较高的医疗费用水平，当没有退休劳动收入时，最优年金化时间显著低于基准情景；在情景三和情景四中，退休者拥有较差的健康状态，生存概率下降，最优年金化时间大幅度地下降；在情景五中，社会基本养老金较低的退休者，最优年金化时间水平更高。

根据上述情景的计算结果，本书总结出健康状态、社会保障、退休后劳动对最优年金化时间的影响。

首先，健康状态对最优年金化时间有综合且显著的正向影响。健康状态通过多种因素影响最优年金化时间：健康状态对生存概率产生影响，生存概率对最优年金化时间有显著的正向影响，健康状态越好，生存概率越高，预期寿命越长；健康状态对医疗费用支出产生影响，健康状态较差的退休者需要支付更多的医疗费用支出；健康状态对退休后劳动收入产生影响，健康状态较差的退休者进行劳动的时间更短，退休后劳动收入更少。

其次，社会养老保障水平对最优年金化时间有负向影响。社会基本养老金水平越高，最优年金化时间水平越低。社会医疗保障对最优年金化率有正向影响，但影响程度较小。社会医疗保障越好，则居民个人需要支付的医疗费用越低，退休者可以稍晚购买年金。

最后，退休劳动收入对最优年金化时间有正向影响，即健康状态较好且退休后有劳动收入的退休者，可以更晚地购买年金。

第六节　参数敏感性分析

一、参数的敏感性分析

这里为了检验各系数变化的稳健性，对各系数重新赋值，观察得出的最优年金化时间的变化情况具体如表 6-9 所示。

表 6-9　最优年金化时间参数敏感性分析

参数	基准情景	对比 1	对比 2
遗产效用系数 b	2	1	5
平均最优年金化时间	5.22	4.73	5.48
风险厌恶系数 γ	2	1.5	4
平均最优年金化时间	5.22	7.05	4.03
主观贴现因子 β	0.98	0.96	0.99
平均最优年金化时间	5.22	3.00	6.53
风险资产收益率 R_r	0.035	0.025	0.05
平均最优年金化时间	5.22	4.37	5.68

资料来源：笔者设定或计算。

从计算结果可以看出，遗产效用系数、风险厌恶系数、主观贴现因子、风险资产收益率对最优年金化时间曲线均会产生影响。遗产效用系数代表了退休者对遗产的偏好，遗产效用系数和最优年金化时间正相关，即退休者遗赠动机越强，则应该更晚地购买年金（见图 6-6）；风险厌恶系数代表了退休者的风险厌恶水平，风险厌恶系数和最优年金化时间负相关，即退休者风险厌恶水平越高，则应该更早地购买年金（见图 6-7）；主观贴现因子和最优年金化时间正相关，即退休者主观贴现因子越高，则应该更晚地购买年金（见图 6-8）；风险资产收益率和最优年金化时间正相关，即风险资产收益率越高，退休者应该更晚地购买年金（见图 6-9）。

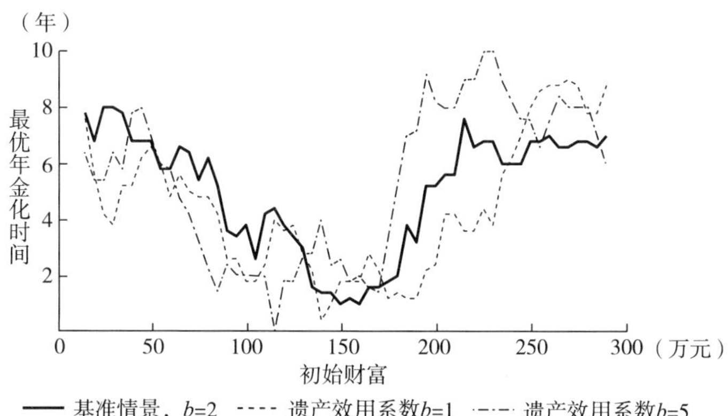

图 6-6　最优年金化时间参数敏感性分析——遗产效用系数

资料来源：笔者计算。

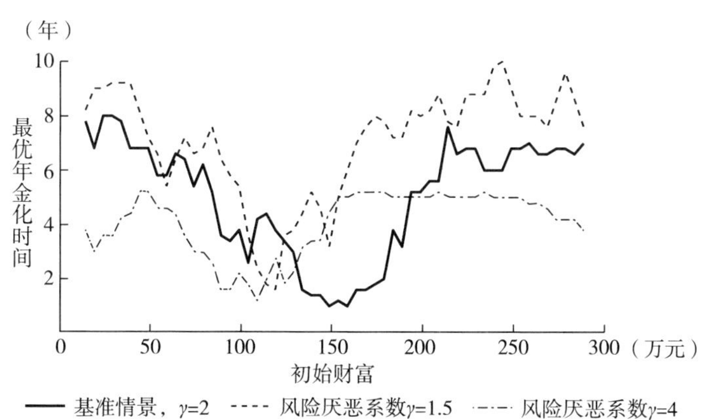

图 6-7　最优年金化时间参数敏感性分析——风险厌恶系数

资料来源：笔者计算。

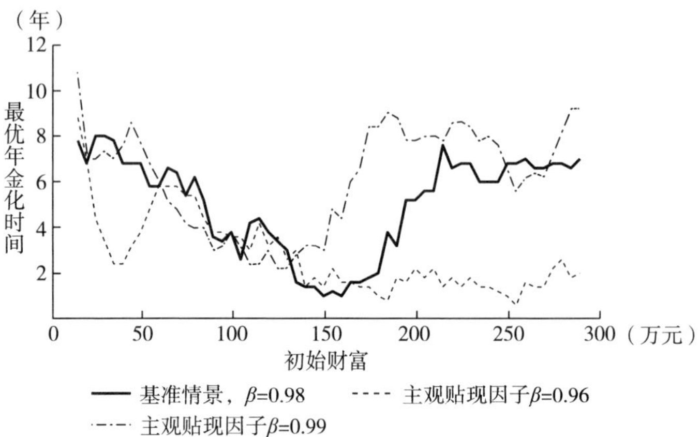

图 6-8　最优年金化时间参数敏感性分析——主观贴现因子

资料来源：笔者计算。

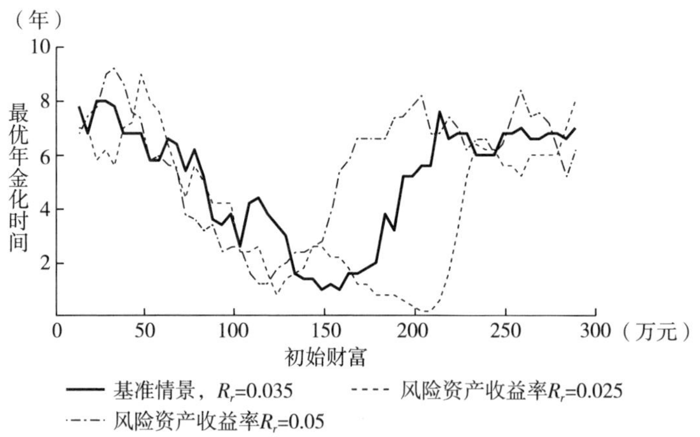

图 6-9　最优年金化时间参数敏感性分析——风险资产收益率

资料来源：笔者计算。

二、年金化率的敏感性分析

在本章前面的分析中，都是假设年金化率为 0.5，本书分析不同的年金

化率对最优年金化时间的影响。设定由低到高三档年金化率，分别是 0.25、0.5、0.8，得到三种情况最优年金化时间。

从计算结果和图形来看，年金化率对最优年金化时间有显著的负向影响，低到高三档年金化率对应的最优年金化时间分别为 8.4 年、5.22 年、2.9 年，最优年金化年龄分别是 68.4 年、65.22 年、62.9 年。在低档初始财富阶段，三种情况的最优年金化时间差别较小；从中等初始财富开始，最优年金化时间发生了明显的分化，并在高等初始财富阶段保持在较稳定的水平（见图 6-10）。

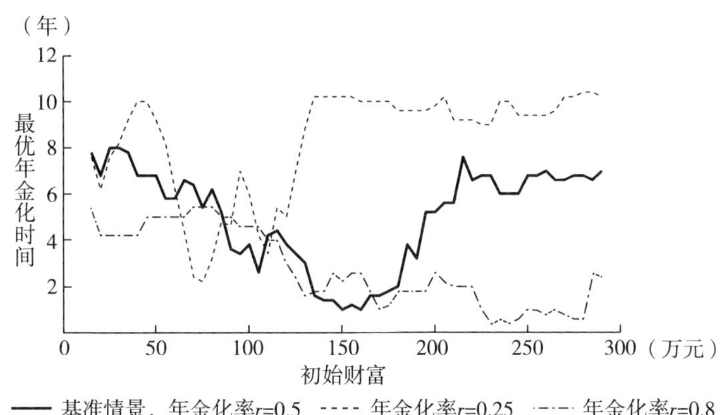

图 6-10　最优年金化时间参数敏感性分析——年金化率

资料来源：笔者计算。

本章小结

首先，本章在第三章初始模型的基础上，参考积极老龄化框架提出的

“健康”“参与”“保障”三支柱，调整得到研究年金化时间问题的理论模型。与第四章类似，健康因素包括健康状态、健康医疗支出，参与因素包括退休后劳动收入，保障因素包括基本养老金收入。其次，变量参数赋值参考第四章。求解方法和工具为人工智能算法和 MATLAB 软件。最终求解出不同情景下的最优年金化时间，并做了参数敏感性分析。

本章得到以下结论：

第一，多种情景下求解的最优年金化时间显示，退休后立即年金化并不是最优的，平均的最优年金化时间是退休后的 3~6 年。

第二，最优年金化时间受初始财富水平的影响，呈“U”形。在较低初始财富阶段（0~100 万元），最优年金化时间呈现由高到低的下降趋势；在中等初始财富阶段（100 万~200 万元），最优年金化时间保持在较低水平；在较高初始财富阶段（200 万~300 万元），最优年金化时间迅速上升，并保持在较高水平。

第三，通过对不同情景的最优年金化时间的研究发现：健康状况、社会保障水平、退休劳动收入对最优年金化时间有显著的影响。其中，健康状态通过影响生存概率、医疗费用、退休劳动供给等因素，对最优年金化时间有综合且显著的正向影响。社会养老保障水平对最优年金化时间有负向影响，医疗费用对最优年金化时间有微弱的负向影响。退休劳动收入对最优年金化时间有正向影响。

第四，参数敏感性分析中，本书研究了各个参数变化对最优年金化时间的影响机制。其中，遗产效用系数、主观贴现因子、风险资产收益率对最优年金化时间有正向影响作用，风险厌恶系数、年金化率水平对最优年金化时间有负向影响作用。

通过对比本章的研究成果与我国养老年金产品的现状，可以为保险机构提供借鉴和参考。我国当前的养老年金产品一般专注于居民养老资产的积累期，对投标年龄有限制，一般不超过 65 岁，最高不超过 70 岁。如太平人寿的财富智赢年金保险、海保人寿的福佑金生年金保险、中韩人寿的耀享年金保险等将被保险人的允许投保年龄限定在65周岁以下，国富人寿的瑞利年金保险、工银安盛人寿的鑫年华年金保险、中韩人寿的悦未来养老年金保险等则将允许投保年龄限定在60周岁以下。[①] 因此，在人口老龄化持续加深的背景下，我国养老年金提供商可以考虑设计新型的养老年金产品，考虑养老资产消费阶段的资产配置，满足多类型的养老资产配置需求。

---

① 陈秉正，范宸．健康风险对中国老年人年金需求的影响分析［J］．保险研究，2020（9）：52-63.

第七章　结论与启示

第一节　研究结论

随着经济和社会的发展，我国老龄化程度逐渐加深，老龄化给社会、政府、家庭和个人都造成了深远的影响。我国养老金体系存在养老金总量不足和养老金结构失衡等问题。我国颁布了多项积极应对老龄化的政策，鼓励个人养老金的发展。

针对个人养老金这一焦点问题，本书基于生命周期理论和积极老龄化框架，研究了我国个人资产年金化及其影响因素。本书以退休者的个人可支配资产为研究对象，从理论分析和实证分析两个方面，使用理论建模和数值解方法研究了个人可支配资产应该如何配置年金，包括年金配置比例和年金配置时间，并基于大型调研数据进一步分别研究了健康因素和社会保障因素对年金配置的影响。

一、理论模型数值研究得到的主要结论

首先，本书认为年金是应对人口老龄化和长寿风险的最有效手段之一，最优年金化率与初始财富强相关，健康状况、社会保障、退休劳动对最优年金化率有显著影响。

退休者应根据自身情况进行个人资产配置，其中年金应占据相当的比例。终生效用最大化时的年金化率（最优年金化率）是初始财富的函数，在各种情景下表现出类似的关系：当初始财富较低时，最优年金化率随着初始财富的增加迅速提高；当初始财富达到一定水平时（如 100 万元以上），最优年金化率收敛于 80%~90%。我国个人养老年金市场发展刚刚起步，年金的渗透率很低，个人养老年金规模也很小，这与本书计算的最优年金化率数据相差巨大。这说明，“年金谜题”在我国也是存在的。

各变量和参数对最优年金化率影响有不同方向的影响。健康状况通过影响生存概率、医疗费用支出、退休劳动等因素，对最优年金化率有综合且显著的正向影响。遗产效用系数和风险资产收益率对最优年金化率有负向作用；风险厌恶系数、主观贴现因子对最优年金化率有正向作用；延迟退休时间对最优年金化率有正向作用。

其次，在年金配置过程中，退休后立即年金化并不是最优的，最优年金化时间与初始财富强相关，且受到各变量和参数的影响。

本书计算了多种情景下的最优年金化时间，计算结果均显示，退休者在退休后立即进行年金化并不是最优的。在基准情景下，退休者平均的最优年金化时间是退休后（假设 60 岁退休）的 3~6 年。最优年金化时间与初始财富水平的关系呈现“U”字形，以基准情景为例，在较低初始财富阶段（0~100 万元），最优年金化时间呈现由高到低的下降趋势（从 8 年下降至 3 年左右，平均值为 6.2 年）；在中等初始财富阶段（100 万~200 万元），最优年金化时间保持在较低水平（维持在 1~4 之间，平均值为 2.65）；在

较高初始财富阶段（200 万~300 万元），最优年金化时间迅速上升（从 4 年上升至 8 年左右），并保持在较高水平（平均值为 6.8 年）。

健康状况、社会保障水平、退休劳动收入对最优年金化时间有显著的影响。其中，健康状态通过影响生存概率、医疗费用、退休劳动供给等因素，对最优年金化时间有综合且显著的正向影响。社会养老保障水平对最优年金化时间有负向影响。遗产效用系数、主观贴现因子、风险资产收益率对最优年金化时间有正向影响作用，风险厌恶系数、年金化率水平对最优年金化时间有负向影响作用。

二、实证研究得到的主要结论

基于积极老龄化视角，本书实证研究部分主要研究了健康因素和社会保障因素对年金化水平的影响。

健康因素对年金化水平影响的实证研究结果显示：首先，主观健康状态对年金化水平有综合且显著的影响。主观健康状态越好，年金参与率越高；而且主观健康状态在老年组和城镇组以及低经济发展水平组的影响更加显著。其次，客观健康状态对年金化水平的影响不显著。这说明，相比客观健康状态指标，在进行年金购买决策时，投资者更多根据对自己健康状态进行主观评价，表现出一定的非理性行为。最后，健康状态通过预期寿命、医疗风险、社会参与等因素对年金化水平产生综合影响。

社会保障因素对年金化水平影响的实证研究结果显示：首先，社会基本养老保险对年金化水平有显著的负向影响。这表明，从微观上看，社会基本养老保险与个人养老年金有显著的替代作用。其次，社会医疗保险可分为社会基本医疗保险和补充医疗保险。社会基本医疗保险和补充医疗保险均对年金化水平有显著的正向影响，这说明，医疗保障与养老年金是互补关系。再次，社会基本养老保险和社会基本医疗保险的影响存在显著城乡差距。最后，子女数量对补充医疗保险存在显著的调节效应，子女数量将减弱补充医疗保险对年金参与的促进作用。

第二节　研究启示

应对人口老龄化及发展个人养老年金，需要决策层（政策制定与监管执行）、供给侧（年金供应方，如保险、养老金公司等）、需求侧（居民）各方的努力。根据本书的研究结论，从决策层、供给侧、需求侧三个方面提出研究启示。

一、对决策层的建议

政策制定者应研究并出台相关政策，支持年金市场发展，鼓励居民养老资产年金化，具体政策建议有：

第一，本书的研究成果显示，只有达到一定的初始财富积累，进行养老资产的年金化配置才是有效的，居民初始财富水平对年金化配置有决定性影响。首先，决策层应持续加强经济建设，改善收入分配结构，不断提高居民收入水平，这是缓解居民养老金压力的最根本措施，同时在收入分配上向中低收入人群倾斜，体现社会主义经济的优越性。其次，应该改革养老金领取制度，建立养老金个人账户制度和灵活的领取机制，提高居民可支配养老资产。我国尚未建立统一的养老金个人账户，居民养老金的领域机制不够灵活，这限制了居民个人养老资产的有效配置。根据本书的研究成果，居民在养老资产达到一定规模时，在退休后的合适时间应该配置较高比例的年金。因此，决策层应该建立养老金个人账户制度，实现养老金个人账户的统一，提高居民可支配的个人养老金规模；同时，建立灵活的领取机制，包括一次性领取、定期领取和年金化领取，鼓励居民进行年金化领取；在领取的时间上进行灵活安排，允许居民在退休后的一段时间后再确定领取方式，或者变更领取方式。最后，应该为退休者打造良好的再就业环境，鼓励退休后再就业，提高居民财富积累水平。在人口老龄化背景下，延迟退休和退休后再就业将成为常态。决策层应该积极出台相关政策，鼓励居民退休后再就业，为退休者再就业提供良好的社会环境和法治环境，保护退休者再就业劳动者的权益，提高居民的财富积累水平，践行积极应对人口老龄化政策。

第二，本书的研究结论显示，保障因素对居民年金化水平有重要影响。本书建议应该提高社会保障水平，尤其是社会医疗保障、就业保障等，提高居民抗风险能力，减少居民预防性储蓄需求。对极低财富水平的退休者，良好的社会保障能够满足其基本生活；对中低财富水平的退休者，良好的社会保障能够降低其预防性储蓄的需求，提高年金化水平，提高整体效用。此外，目前我国城镇和农村的社会保障水平差距大，农村的人口老龄化水平超过城镇，而人均收入和社会保障水平均低于城镇。因此，决策层应该更加注重农村的社会保障建设，提高农村基本的养老保障、医疗保障等。

第三，决策层应该出台相关政策，鼓励个人养老金发展，加强机构监管，保障个人养老金市场健康发展。首先，加大个人养老金相关支持政策的力度和范围，支持个人养老金相关机构的建立和发展，鼓励居民进行年金化配置。根据历史文献和本书的研究成果，一方面，我国居民的养老储蓄总量不足；另一方面，我国居民目前的养老资产结构中存款、住房的比例过高，养老年金配置比例极低，即“年金谜题”在我国也是存在的。因此，决策层应该推进个人养老金的发展，鼓励居民进行养老资产的储蓄，同时鼓励居民优化养老资产配置结构，鼓励居民配置养老年金，提高居民应对长寿风险的能力。其次，加强对银行、保险、基金等机构的监管，规范个人养老金市场规则，建立市场准入制度，提高居民对个人养老金产品和个人养老金机构的信任。此外，在人口老龄化背景下，银行、保险、基金等机构也面临长寿风险的挑战，决策层应该加强对相关机构运营能力的监管，提高机构的偿付能力，保障市场健康发展。

二、对供给侧的建议

本书的研究成果显示，居民的年金化水平受到多种因素的影响，且最优年金化时间为居民退休后的3~6年。因此，本书对年金供给机构（一般为保险公司和个人养老金机构）的主要建议有以下几个方面：

第一，年金供给机构应加速布局个人养老金，并针对不同居民的需求，提供个性化产品设计。根据本书的研究成果，不同财富水平和不同情景的居民的最优年金化率和最优年金化时间有各自的特点。年金供给机构应该提供个性化的产品设计，包括缴费方式、领取方式、购买年金的年龄限制（目前市场主流的养老年金购买年龄上限约为70岁）等。此外，年金机构应该简化产品复杂程度，使产品信息更容易被居民理解和接收。

第二，年金机构应加强产品创新，针对影响年金化需求的问题，设计年金产品与其他保险产品的组合。如年金产品与健康险产品的组合、年金产品与长期护理保险的组合、年金产品与理财产品的组合、放宽年金产品的条款限制等。健康险和长期护理保险能够提高居民应对健康风险冲击的能力，平滑居民健康支出，从而提高居民年金化需求；年金产品与理财产品的组合，能够满足居民不同的资产配置需求，提高居民养老资产储蓄。另外，根据本书的研究成果，居民在进行年金配置时更多依据主观健康水平，并不是客观健康水平。因此，年金机构应该引导或教育居民对自己的健康水平有正确的认识，使居民做出更符合自身实际情况的资产配置决策。

第三，年金机构应通过改善运营、提高效率等措施，不断降低年金产品价格，提高年金产品需求。年金价格是影响年金需求的重要因素，当年金价格过高时，配置年金则不再是有效的。我国的年金市场还处于发展初期，整体规模较小，年金机构需要通过多种措施不断地降低年金价格，扩大年金市场规模。

第四，年金机构应进一步规范运营，提高运营效率。一方面，提高居民对年金机构的信任感；另一方面，年金机构需要提高自身应对长寿风险的能力，保障持续健康运营。

三、对需求侧的建议

本书的研究成果显示，居民的自身情况（健康状态、保障水平等）和个体偏好，都会对个人年金化水平产生影响，本书对居民的主要参考建议有：

第一，居民应该加强对人口老龄化和长寿风险的认识，年金是对抗长寿方面的最有效手段之一，在进行资产配置时，应注重个人养老年金的规划和配置。这里包括养老资产的积累和养老资产的配置两个方面：一方面，居民应该提高养老意识，积极地进行养老资产的积累，提高养老资产规模；另一方面，在进行养老资产配置时，应注重养老年金的配置，规划好养老年金的配置比例和配置时间。根据本书研究成果，养老资产达到一定规模的居民应该配置相当比例的年金，且退休后立即年金化并不是最优的，应该根据自身情况合理安排年金化时间。

第二，居民应提高自身医疗保障水平，降低医疗健康费用风险的冲击，平滑退休后的医疗费用支出。居民退休后主要的支出波动是医疗健康费用，居民需要配置商业健康保险和长期护理保险。同时，居民应该更加客观地评估自身健康水平，更加准确地做出健康状况评估，从而提高年金配置决策的准确度。

第三，在健康状态允许的情况下，居民应该积极参与社会活动。这里的社会活动既包括无偿的社会活动，也包括有偿的退休后社会劳动。根据积极老龄化理论和本书的研究成果，参加更高频次和更多种类的社会活动，能够提高居民年金化水平；同时积极参加退休后的社会劳动，能够提高居民退休后收入，为对抗长寿风险积累更多的财富。

第三节　研究不足之处

本书在研究对象、模型建立、数据来源和研究视角等方面还存在一定的局限性，需要在未来的研究中延伸和补充。

研究对象的局限。本书的研究对象是个人资产，而个人资产的范畴广泛、内涵丰富，包括现金、存款、债券、股票、保险等，各类资产的风险性、收益性、流动性等各不相同；但本书没有对个人资产的内涵进行细分，而是将个人可支配资产看作是可以变现的一大类资产。在未来的研究中，可以进一步将个人资产进行细分，研究不同的个人资产类型对年金化的影响。

最优化模型的局限。本书初始模型中同时包含了年金化率和年金化时间，但是在最优年金化率和最优年金化时间的研究中，由于作者在模型和算法上的局限，将最优年金化率和最优年金化时间分别进行研究，未能实现统一模型。在未来的研究中，可以探索使用统一模型同时求解最优年金化率和最优年金化时间，并进一步研究年金化率和年金化时间的相互关系。

数据来源的局限。本书第四章和第五章是影响因素的实证研究，数据基础为大型微观调研数据，但由于微观数据的局限，部分变量的影响机制未能深入研究。尤其是在微观数据方面，我国个人养老金处在起步阶段，微观调查数据中个人养老金相关的调研较少，目前尚没有调研数据得到个人资产年金化的相关数据。在未来的研究中，可以针对年金化问题，进行专项调研，不断地积累数据，进一步验证理论分析的结论。

研究视角的局限。本书的主体部分均基于生命周期理论，满足理性人假设，没有从行为经济学视角进行研究。从过往文献来看，损失厌恶、主观概率、信息框架等行为因素也是影响年金化需求的重要因素。在未来的研究中，可以从行为经济学视角进行研究，基于前景理论研究最优年金化问题，设计行为经济学问卷研究年金化的影响因素等。

附件一　最优年金化率的算法代码

这里以基准情景（拟合一）最优年金化率算法代码为例。

软件：MATLAB R2018b

一、效用函数的相关代码

```
function xy = utility2(a1,a2,a3)
global E0
global gamma
global beta
global b
global a0
global Rb
global W
global Bt
global Ct
global p
global H
global L
```

```
global P
W0=a1;
r=a2;
percentage_Ct=a3;
W(1)= W0;
percentage_Bt=1-percentage_Ct;
% percentage_Bt(1)= 1-r-percentage_Ct(1);

A=W(1) * r;
Y=A/a0;
Bt(1)= ((1-r) * W(1)+Y-H(1)) * percentage_Bt(1);
Ct(1)= ((1-r) * W(1)+Y-H(1)) * percentage_Ct(1);

for k=1:45
W(k+1)= Bt(k) * (1+Rb(k))+L(k)+P(k);
Bt(k+1)= (W(k+1)+Y-H(k+1)) * percentage_Bt(k+1);
Ct(k+1)= (W(k+1)+Y-H(k+1)) * percentage_Ct(k+1);
end
W(47)= W(46);
for i=1:46
      t=i-1;
      temp1(i)= beta^t;
      temp2(i)= prod(p(1:i));
      temp3(i)= p(i) * (Ct(i))^(1-gamma)+beta * (1-p(i)) * b * (W
(i+1))^(1-gamma);
end
```

```
temp4=temp3/(1-gamma);


xy=E0*sum(temp1.*temp2.*temp4);
end
```

二、单次求解的相关代码

```
function bestr = funtion3(W0)
global E0
global gamma
global beta
global b
global a0
global Rb
global W
global Bt
global Ct
global p
global H
global state
E0=1;
gamma=2;
beta=0.98;
b=2;
a0=18.2324586122364;
Rb=0.035*ones(46,1);
W=zeros(47,1);
```

```
Bt=zeros(46,1);
Ct=zeros(46,1);
num=2;
NIND=100;%种群大小
MAXGEN=100;%最大遗传代数
PRECI=50;%个体长度
GGAP=0.95;%代沟
px=0.8;%交叉概率
pm=0.05;%变异概率
trace=zeros(num+1,MAXGEN);%最优结果的初始值
lb=0;%决策变量的下界
ub=1;%决策变量的上界
fieldD=[PRECI;lb;ub;1;0;1;1];
FieldD = kron(fieldD,ones(1,num));%自变量的区域描述器
Chrom=crtbp(NIND,PRECI*num);%生成初始种群
XY=bs2rv(Chrom,FieldD);%初始种群基因型到表现型
gen=0;
%% 初始种群适应度计算
for k=1:NIND
    ObjV(k,1)= 1/utility2(W0,XY(k,1),XY(k,2)*ones(46,1));
end

%% 种群迭代
while gen<MAXGEN
    FitnV=ranking(ObjV);%分配适应度
    SelCh=select('sus',Chrom,FitnV,GGAP);%选择
```

```
        SelCh=recombin('xovsp',SelCh,px);%重组
        SelCh=mut(SelCh,pm);%变异
        XY=bs2rv(SelCh,FieldD);%基因型到表现型
        for k=1:size(XY,1)
            ObjVSel(k,1)= 1/utility2(W0,XY(k,1),XY(k,2) * ones(46,1));
        end
        [Chrom,ObjV]=reins(Chrom,SelCh,1,1,ObjV,ObjVSel);%将子代插入父代种群,得到新种群
        XY=bs2rv(Chrom,FieldD);
        gen=gen+1;
        [target,I]=min(ObjV);
        trace(1:num,gen)= XY(I,:);%记下每代的最优值
        trace(end,gen)= target;
    end
    bestr=trace(1,end);
    end
```

三、多次求解并作图的相关代码

```
    global L p P
    L=xlsread('data. xlsx',1,'S2:S47');%变量取值-基准情景
    P=xlsread('data. xlsx',1,'U2:U47');%变量取值-基准情景
    p=xlsread('data. xlsx',1,'J2:K47');%变量取值-基准情景
    for i=1:300
        W0=i * 10^4;
        bestr(i)= funtion3(W0);
```

```
end
hold on
plot(bestr)
```

附件二　最优年金化时间的算法代码

这里以基准情景最优年金化时间算法代码为例。

软件：MATLAB R2018b

一、效用函数的相关代码

```
function xy = utility2(a1,a3,a4)
global E0
global gamma
global beta
global b
global a0
global Rb
global W
global Bt
global Ct
global p
global H
global L
```

```
global P
global r
global a0
W0=a1;
purchase_time=floor(a4);
percentage_Ct=a3*ones(46,1);
W(1)= W0;
percentage_Bt=1-percentage_Ct;

A=W(purchase_time+1)*r;
Y=A/a0(purchase_time+1);
Bt(1)=(W(1)-H(1))*percentage_Bt(1);
Ct(1)=(W(1)-H(1))*percentage_Ct(1);
for k=1:purchase_time-1
    W(k+1)=Bt(k)*(1+Rb(k))+L(k)+P(k);
    Bt(k+1)=(W(k+1)-H(k+1))*percentage_Bt(k+1);
    Ct(k+1)=(W(k+1)-H(k+1))*percentage_Ct(k+1);
end

Bt(purchase_time+1)=((1-r)*W(purchase_time+1)+Y-H(purchase_time+1))*percentage_Bt(purchase_time+1);
Ct(purchase_time+1)=((1-r)*W(purchase_time+1)+Y-H(purchase_time+1))*percentage_Ct(purchase_time+1);
for k=purchase_time:45
    W(k+1)=Bt(k)*(1+Rb(k))+L(k)+P(k);
    Bt(k+1)=(W(k+1)+Y-H(k+1))*percentage_Bt(k+1);
```

```
        Ct(k+1)=(W(k+1)+Y-H(k+1))*percentage_Ct(k+1);
    end
    W(47)=W(46);
    for i=1:46
        t=i-1;
        temp1(i)=beta^t;
        temp2(i)=prod(p(1:i));
        temp3(i)=p(i)*(Ct(i))^(1-gamma)+beta*(1-p(i))*b*(W
(i+1))^(1-gamma);
    end
    temp4=temp3/(1-gamma);
    xy=E0*sum(temp1.*temp2.*temp4);
    end
```

二、单次求解的相关代码

```
    function [r2] = function1(W0)
    global E0
    global gamma
    global beta
    global b
    global a0
    global Rb
    global W
    global Bt
    global Ct
    E0=1;
```

```
gamma=1.5;
beta=0.98;
b=2;
a0=xlsread('data.xlsx',1,'L2:L47');
Rb=0.05*ones(46,1);
W=zeros(47,1);
Bt=zeros(46,1);
Ct=zeros(46,1);
% W(1)=W0;
%% 遗传算法参数定义
num=3;
NIND=50;%种群大小
MAXGEN=500;%最大遗传代数
PRECI=20;%个体长度
GGAP=0.95;%代沟
px=0.6;%交叉概率
pm=0.01;%变异概率
trace=zeros(num+1,MAXGEN);%最优结果的初始值
lb=0;%决策变量的下界
ub=1;%决策变量的上界
fieldD=[PRECI;lb;ub;1;0;1;1];
FieldD = kron(fieldD,ones(1,num));%自变量的区域描述器
FieldD(3,end)= 44;FieldD(2,end)= 1;
t_temp=zeros(5,1);
%% 初始种群适应度计算
for count=1:5
```

```
Chrom=crtbp(NIND,PRECI * num);%生成初始种群
XY=bs2rv(Chrom,FieldD);%初始种群基因型到表现型
gen=0;
for k=1:NIND
    ObjV(k,1)= 1/utility2(W0,XY(k,2),XY(k,3));
end

%% 种群迭代
while gen<MAXGEN
    FitnV=ranking(ObjV);%分配适应度
    SelCh=select('sus',Chrom,FitnV,GGAP);%选择
    SelCh=recombin('xovsp',SelCh,px);%重组
    SelCh=mut(SelCh,pm);%变异
    XY=bs2rv(SelCh,FieldD);%基因型到表现型
    for k=1:size(XY,1)
        ObjVSel(k,1)= 1/utility2(W0,XY(k,2),XY(k,3));
    end
    [Chrom,ObjV]=reins(Chrom,SelCh,1,1,ObjV,ObjVSel);%将子代插入父代种群,得到新种群
    XY=bs2rv(Chrom,FieldD);
    gen=gen+1;
    [target,I]=min(ObjV);
    trace(1:num,gen)= XY(I,:);%记下每代的最优值
    trace(end,gen)= target;
end
t_temp(count)= round(trace(3,end));
```

```
end
r2=mode(t_temp);
end
```

三、多次求解并作图的相关代码

```
global p H L P a0 r
%H=xlsread('data.xlsx',1,'R2:R47')*1.5;%高档医疗费用支出
H=xlsread('data.xlsx',1,'R2:R47');%中档医疗费用支出-基准情景
%H=xlsread('data.xlsx',1,'R2:R47')*0.5;%低档医疗费用支出
L=xlsread('data.xlsx',1,'S2:S47');%有退休劳动收入-基准情景
%L=xlsread('data.xlsx',1,'S2:S47')*0;%无退休劳动收入
%P=xlsread('data.xlsx',1,'U2:U47')*2.5;%高档社会基本养老金
P=xlsread('data.xlsx',1,'U2:U47');%中档社会基本养老金-基准情景
%P=xlsread('data.xlsx',1,'U2:U47')/2.4;%低档社会基本养老金
p=xlsread('data.xlsx',1,'J2:J47');%男性生存率-养老-基准情景
%p=xlsread('data.xlsx',1,'K2:K47');%男性生存率-非养老
a0=xlsread('data.xlsx',1,'L2:L47');%年金因子矩阵取值-基准情景
r=0.5;
%bestr=zeros(60,1);
bestpt=zeros(60,1);
for i=1:60
    W0=i*5*10^4;
    [bestpt(i)]=function1(W0);
end
hold on
plot(bestpt)
```

参考文献

[1] Abou Daya M H, Bernard C. What matters in the annuitization decision? [J]. Swiss Journal of Economics and Statistics, 2022, 158 (1): 1-12.

[2] Agnew J R, Anderson L R, Gerlach J R, et al. Who chooses annuities? An experimental investigation of the role of gender, framing, and defaults [J]. American Economic Review, 2008, 98 (2): 418-422.

[3] Ai J, Brockett P L, Golden L L, et al. Health state transitions and longevity effects on retirees' optimal annuitization [J]. Journal of Risk and Insurance, 2017, 84 (S1): 319-343.

[4] Alexandrova M, Gatzert N. What do we know about annuitization decisions? [J]. Risk Management and Insurance Review, 2019, 22 (1): 57-100.

[5] Ameriks J, Caplin A, Laufer S, et al. Annuity valuation, long-term care, and bequest motives [R]. Wharton Pension Research Council Working Papers, 2007: 533.

[6] Ameriks J, Mitchell O. Recalibrating retirement spending and saving [M]. Oxford University Press, 2008.

[7] Ameriks J, Caplin A, Laufer S, et al. The joy of giving or assisted living? Using strategic surveys to separate public care aversion from bequest motives

[J]. The journal of finance, 2011, 66 (2): 519-561.

[8] Ando A, Modigliani F. The "Life Cycle" hypothesis of saving: A correction [J]. The American Economic Review, 1964, 54 (2): 111-113.

[9] Asmuni N H, Tan K S, Purcal S. The Impact of Health Impairment on Optimal Annuitization for Retirees [J]. Risks, 2022, 10 (4): 75.

[10] Banerjee S. Annuity and lump-sum decisions in defined benefit plans: the role of plan rules [J]. EBRI Issue Brief, 2013 (381): 1-20.

[11] Banerjee S. A Piece of the Annuitization Puzzle: The Role of Plan Rules in Annuitization Decisions in DB and CB Plans [J]. The Journal of Retirement, 2014, 2 (1): 100-114.

[12] Banks J, Crawford R, Tetlow G. Annuity choices and income drawdown: Evidence from the decumulation phase of defined contribution pensions in England [J]. Journal of Pension Economics & Finance, 2015, 14 (4): 412-438.

[13] Bateman H, Eckert C, Geweke J, et al. Disengagement: A partial solution to the annuity puzzle [R]. UNSW Australian School of Business Research Paper, 2013.

[14] Benartzi S, Previtero A, Thaler R H. Annuitization puzzles [J]. Journal of Economic Perspectives, 2011, 25 (4): 143-164.

[15] Bernheim B D. How strong are bequest motives? Evidence based on estimates of the demand for life insurance and annuities [J]. Journal of Political Economy, 1991, 99 (5): 899-927.

[16] Beshears J, Choi J J, Laibson D, et al. What makes annuitization more appealing? [J]. Journal of Public Economics, 2014, 116: 2-16.

[17] Blake D, Burrows W. Survivor Bonds: Helping to hedge mortality risk [J]. Journal of Risk and Insurance, 2001, 68 (2): 339-348.

［18］ Blake D. Pension finance ［M］. Hoboken：John Wiley & Sons，2006.

［19］ Bodie Z，Merton R C，Samuelson W F. Labor supply flexibility and portfolio choice in a life cycle model ［J］. Journal of Economic Dynamics and Control，1992，16（3-4）：427-449.

［20］ Boyer M M，Box-Couillard S，Michaud P C. Demand for annuities：Price sensitivity，risk perceptions，and knowledge ［J］. Journal of Economic Behavior & Organization，2020，180：883-902.

［21］ Brown J R，Casey M D，Mitchell O S. Who values the social security annuity?：New evidence on the annuity puzzle ［M］. Cambridge：National Bureau of Economic Research，2008：1380.

［22］ Brown J R，Kapteyn A，Luttmer E F P，et al. Behavioral impediments to valuing annuities：Complexity and choice bracketing ［J］. Review of Economics and Statistics，2021，103（3）：533-546.

［23］ Brown J R，Kapteyn A，Luttmer E F P，et al. Behavioral impediments to valuing annuities：Evidence on the effects of complexity and choice bracketing ［R］. National Bureau of Economic Research，2017.

［24］ Brown J R，Kling J R，Mullainathan S，et al. Why don't people insure late-life consumption? A framing explanation of the under-annuitization puzzle ［J］. American Economic Review，2008，98（2）：304-309.

［25］ Brown J R，Mitchell O S，Poterba J M，et al. The role of annuity markets in financing retirement ［M］. Cambridge：MIT Press，2001.

［26］ Brown J R，Poterba J M. Household ownership of variable annuities ［J］. Tax Policy and the Economy，2006，20：163-191.

［27］ Brown J R，Poterba J M. Joint life annuities and annuity demand by married couples ［J］. Journal of Risk & Insurance，2000，67（4）：527-553.

［28］ Brown J R，Poterba J，Richardson D. Recent trends in retirement income choices at TIAA: Annuity demand by defined contribution plan participants [J]. NBER Working Paper NB19-10, 2019.

[29] Brown J R. Private pensions, mortality risk, and the decision to annuitize [J]. Journal of Public Economics, 2001, 82 (1): 29-62.

[30] Brown J R. Rational and behavioral perspectives on the role of annuities in retirement planning [R]. Cambridge: National Bureau of Economic Reserach, 2007.

[31] Brown J R. Redistribution and insurance: Mandatory annuitization with mortality heterogeneity [J]. Journal of Risk and Insurance, 2003, 70 (1): 17-41.

[32] Brown J R. Understanding the role of annuities in retirement planning [M]. Chicago: University of Chicago Press, 2009.

[33] Bütler M, Peijnenburg K, Staubli S. How much do means-tested benefits reduce the demand for annuities? [J]. Journal of Pension Economics & Finance, 2017, 16 (4): 419-449.

[34] Bütler M, Staubli S, Zito M G. How much does annuity demand react to a large price change? [J]. The Scandinavian Journal of Economics, 2013, 115 (3): 808-824.

[35] Bütler M, Teppa F. The choice between an annuity and a lump sum: Results from Swiss pension funds [J]. Journal of Public Economics, 2007, 91 (10): 1944-1966.

[36] Cairns A J G, Blake D, Dowd K. A two-factor model for stochastic mortality with parameter uncertainty: Theory and calibration [J]. Journal of Risk and Insurance, 2006, 73 (4): 687-718.

[37] Camerer C, Lovallo D. Overconfidence and excess entry: An experimental approach [J]. American Economic Review, 1999, 89 (1): 306-318.

[38] Cappelletti G, Guazzarotti G, Tommasino P. What determines annuity demand at retirement? [J]. The Geneva Papers on Risk and Insurance-Issues and Practice, 2013, 38 (4): 777-802.

[39] Chai J, Horneff W, Maurer R, et al. Optimal portfolio choice over the life cycle with flexible work, endogenous retirement, and lifetime payouts [J]. Review of Finance, 2011, 15 (4): 875-907.

[40] Chalmers J, Reuter J. How do retirees value life annuities? Evidence from public employees [J]. The Review of Financial Studies, 2012, 25 (8): 2601-2634.

[41] Chatterjee S, Salter J, J Harness N. Annuitization decisions of retirees: The role of risk aversion and financial advice [J]. Review of Economic and Business Studies, 2012 (9): 35-52.

[42] Chen A, Fuino M, Sehner T, et al. Valuation of long-term care options embedded in life annuities [J]. Annals of Actuarial Science, 2022, 16 (1): 68-94.

[43] Davidoff T, Brown J R, Diamond P A. Annuities and individual welfare [J]. American Economic Review, 2005, 95 (5): 1573-1590.

[44] Davidoff T. Housing, health, and annuities [J]. Journal of Risk and Insurance, 2009, 76 (1): 31-52.

[45] Dushi I, Webb A. Household annuitization decisions: Simulations and empirical analyses [J]. Journal of Pension Economics & Finance, 2004, 3 (2): 109-143.

[46] d'Albis H, Attanasi G, Thibault E. An experimental test of the under-annuitization puzzle with smooth ambiguity and charitable giving [J]. Journal of Economic Behavior & Organization, 2020, 180: 694-717.

[47] d'Albis H, Thibault E. Ambiguous life expectancy and the demand for

annuities [J]. Theory and Decision, 2018, 85 (3): 303-319.

[48] Epstein L G, Zin S E. Substitution, risk aversion, and the temporal behavior of consumption and asset returns: An empirical analysis [J]. Journal of Political Economy, 1991, 99 (2): 263-286.

[49] Fehr H, Habermann C. Private retirement savings and mandatory annuitization [J]. International Tax and Public Finance, 2010, 17 (6): 640-661.

[50] Feldstein M. Social security, induced retirement, and aggregate capital accumulation [J]. Journal of Political Economy, 1974, 82 (5): 905-926.

[51] Finkelstein A, Poterba J. Adverse selection in insurance markets: Policyholder evidence from the UK annuity market [J]. Journal of Political Economy, 2004, 112 (1): 183-208.

[52] Finkelstein A, Poterba J. Selection effects in the United Kingdom individual annuities market [J]. The Economic Journal, 2002, 112 (476): 28-50.

[53] Fisher B, Litterman R. Global portfolio opimization [J]. Financial Analysts Journal, 1992: 87-122.

[54] Friedman B M, Warshawsky M J. The cost of annuities: Implications for saving behavior and bequests [J]. The Quarterly Journal of Economics, 1990, 105 (1): 135-154.

[55] Friedman B M, Warshawsky M. Annuity prices and saving behavior in the United States [J]. Pensions in the US Economy, 1988: 53-77.

[56] Ganegoda A, Bateman H. Explaining the demand for life annuities in the australian market [J]. Centre for Pensions and Superannuation, 2007.

[57] Gao X, Hyndman C, Pirvu T A, et al. Optimal annuitization post-retirement with labor income [J]. arXiv preprint arXiv: 2202.04220, 2022.

[58] Gerrard, R, Højgaard B, Vigna E. Choosing the optimal annuitization time post-retirement [J]. Quantitative Finance, 2012, 12 (7): 1143-1159.

[59] Gleason H P, Butler R N. Productive aging: Enhancing vitality in later life [M]. Bertin: Springer Publishing Company, 1985.

[60] Goedde-Menke M, Lehmensiek-Starke M, Nolte S. An empirical test of competing hypotheses for the annuity puzzle [J]. Journal of Economic Psychology, 2014, 43: 75-91.

[61] Gong G, Webb A. Mortality heterogeneity and the distributional consequences of mandatory annuitization [J]. Journal of Risk and Insurance, 2008, 75 (4): 1055-1079.

[62] Hagen J. The determinants of annuitization: Evidence from Sweden [J]. International Tax and Public Finance, 2015, 22 (4): 549-578.

[63] Hainaut D, Devolder P. Life annuitization: Why and how much? [J]. ASTIN Bulletin: The Journal of the IAA, 2006, 36 (2): 629-654.

[64] Hakansson N H. Optimal investment and consumption strategies under risk for a class of utility functions [J]. Econometrica, 1970, 38 (5): 587-607.

[65] Hanewald, Katja, John Piggott, Michael Sherris. Individual post-retirement longevity risk management under systematic mortality risk [J]. Insurance: Mathematics and Economics, 2013, 52 (1): 87-97.

[66] Han N W, Hung M W. The annuity puzzle and consumption hump under ambiguous life expectancy [J]. Insurance: Mathematics and Economics, 2021, 100: 76-88.

[67] Harry Markowitz. Portfolio selection [J]. The Journal of Finance, 1952 (7): 77-91.

[68] Havighurst R J. Successful aging [J]. Processes of aging: Social and Psychological Perspectives, 1963, 1: 299-320.

[69] Horneff V, Maurer R, Mitchell O S, et al. Optimal life cycle portfolio choice with variable annuities offering liquidity and investment downside protection [J]. Insurance: Mathematics and Economics, 2015, 63: 91-107.

[70] Horneff W J, Maurer R H, Mitchell O S, et al. Following the rules: Integrating asset allocation and annuitization in retirement portfolios [J]. Insurance: Mathematics and Economics, 2008, 42 (1): 396-408.

[71] Horneff W J, Maurer R H, Mitchell O S, et al. Variable payout annuities and dynamic portfolio choice in retirement [J]. Journal of Pension Economics & Finance, 2010, 9 (2): 163-183.

[72] Hosseini R. Adverse selection in the annuity market and the role for social security [J]. Journal of Political Economy, 2015, 123 (4): 941-984.

[73] Hurd M D. Savings of the elderly and desired bequests [J]. The American Economic Review, 1987: 298-312.

[74] Hurwitz A, Sade O. Smokers' life expectancy and annuitization decisions [M]. Behavioral Finance: A Novel Approach, 2021: 349-364.

[75] Hu W Y, Scott J S. Behavioral obstacles in the annuity market [J]. Financial Analysts Journal, 2007, 63 (6): 71-82.

[76] Inkmann J, Lopes P, Michaelides A. How deep is the annuity market participation puzzle? [J]. The Review of Financial Studies, 2011, 24 (1): 279-319.

[77] Johnson R W, Burman L E, Kobes D I. Annuitized wealth at older ages: Evidence from the Health and Retirement Study [M]. Washington, DC: Urban Institute, 2004.

[78] Kim J G, Jang B G, Park S. Annuitization and asset allocation with

borrowing constraint [J]. Operations Research Letters, 2020, 48 (5): 549-551.

[79] Koijen R S J, Nijman T E, Werker B J M. Optimal annuity risk management [J]. Review of Finance, 2011, 15 (4): 799-833.

[80] Konicz A K, Pisinger D, Weissensteiner A. Optimal annuity portfolio under inflation risk [J]. Computational Management Science, 2015, 12 (3): 461-488.

[81] Kopf E W. The early history of the annuity [M]. New York: LW Lawrence, 1927.

[82] Kotlikoff L J, Summers L H. The role of intergenerational transfers in aggrgate capital accumulation [J]. Journal of Political Economy, 1981, 89 (4): 706-732.

[83] Lewbel A. Semiparametric estimation of location and other discrete choice moments [J]. Econometric Theory, 1997, 13 (1): 32-51.

[84] Lintner J. The valuation of risk assets and the selection of risky investment in stock portfolios and capital budgets [J]. Review of Economics and Statistics, 1965 (2): 13-37.

[85] Lockwood L M. Bequest motives and the annuity puzzle [J]. Review of Economic Dynamics, 2012, 15 (2): 226-243.

[86] Lopes P. The effects of load factors and Minimum size restrictions on annuity Market Participation [R]. Working Paper, 2005.

[87] MacDonald B J, Jones B, Morrison R J, et al. Research and reality: A literature review on drawing down retirement financial savings [J]. North American Actuarial Journal, 2013, 17 (3): 181-215.

[88] Merton R C. Lifetime portfolio selection under uncertainty: The continuous-time case [J]. The Review of Economics and Statistics, 1969: 247-257.

[89] Merton R C. Optimal Consumption and investment rules in an Continuous time model [J]. Journal of Economic Theory, 1971, 3: 373-413.

[90] Merton R C. Option pricing when underlying stock returns are discontinuous [J]. Journal of Financial Economics, 1976, 3 (1-2): 125-144.

[91] Milevsky M A, Young V R. The timing of annuitization: Investment dominance and mortality risk [J]. Insurance: Mathematics and Economics, 2007, 40 (1): 135-144.

[92] Milevsky M A. Optimal annuitization policies: Analysis of the options [J]. North American Actuarial Journal, 2001, 5 (1): 57-69.

[93] Milevsky M A. Optimal asset allocation towards the end of the life cycle: to annuitize or not to annuitize? [J]. Journal of Risk and Insurance, 1998, 65 (3): 401-426.

[94] Milevsky M A. Real longevity insurance with a deductible: Introduction to advanced-life delay annuities (ALDA) [J]. North American Actuarial Journal, 2005, 9 (4): 109-122.

[95] Mitchell O S, McCarthy D. Estimating international adverse selection in annuities [J]. North American Actuarial Journal, 2002, 6 (4): 38-54.

[96] Mitchell O S, Poterba J M, Warshawsky M J, et al. New evidence on the money's worth of individual annuities [J]. American Economic Review, 1999, 89 (5): 1299-1318.

[97] Modigliani F, Brumberg R. Utility analysis and the consumption function: An interpretation of cross-section data [J]. Franco Modigliani, 1954, 1 (1): 388-436.

[98] Mossin J. Equilibrium in a Capital asset market [J]. Econometrica, 1966, 34 (4): 768-783.

[99] Mottola G R, Utkus S P. Lump sum or annuity? An analysis of choice

in DB pension payouts [J]. Vanguard Center for Retirement Research, 2007, 30 (89): 2.

[100] Murtaugh C M, Spillman B C, Warshawsky M J. In sickness and in health: An annuity approach to financing long-term care and retirement income [J]. Journal of Risk and Insurance, 2001: 225-253.

[101] Orth B J. Managing longevity risk in US retirement plans through mandatory annuitization [J]. North American Actuarial Journal, 2006, 10 (3): 32-44.

[102] Pang G, Warshawsky M. Optimizing the equity-bond-annuity portfolio in retirement: The impact of uncertain health expenses [J]. Insurance: Mathematics and Economics, 2010, 46 (1): 198-209.

[103] Park S. A generalization of Yaari's result on annuitization with optimal retirement [J]. Economics Letters, 2015, 137: 17-20.

[104] Pashchenko S. Accounting for non-annuitization [J]. Journal of Public Economics, 2013, 98: 53-67.

[105] Peijnenburg, Kim, Theo Nijman, Bas JM Werker. The annuity puzzle remains a puzzle [J]. Journal of Economic Dynamics and Control, 2016 (70): 18-35.

[106] Peijnenburg K, Nijman T, Werker B J M. Health cost risk and optimal retirement provision: A simple rule for annuity demand [J]. Center for Economic Research, 2010: 14.

[107] Peijnenburg K, Nijman T, Werker B J M. Health cost risk: A potential solution to the annuity puzzle [J]. The Economic Journal, 2017, 127 (603): 1598-1625.

[108] Poterba J M, Shoven J B. Exchange-traded funds: A new investment option for taxable investors [J]. American Economic Review, 2002,

92 (2): 422-427.

[109] Poterba J M. Annuity markets and retirement security [J]. Fiscal Studies, 2001, 22 (3): 249-270.

[110] Poterba J M. Annuity markets [M] //Clark G, Munnel A, Orszag M. The Oxford handbook of pensions and retirement income. Oxford: Oxford University Press, 2006.

[111] Purcal S, Piggott J. Explaining low annuity demand: An optimal portfolio application to Japan [J]. Journal of Risk and Insurance, 2008, 75 (2): 493-516.

[112] Reichling F, Smetters K. Optimal annuitization with stochastic mortality and correlated medical costs [J]. American Economic Review, 2015, 105 (11): 3273-3320.

[113] Reichling F, Smetters K. The demand for annuities with stochastic mortality probabilities [R]. National Bureau of Economic Research, 2012.

[114] Richard S F. Optimal consumption, portfolio and life insurance rules for an uncertain lived individual in a continuous time model [J]. Journal of Financial Economics, 1975, 2 (2): 187-203.

[115] Ross S. A. The arbitrage theory of capital asset pricing [J]. Journal of Economic Theory, 1976 (13): 341-360.

[116] Sacks D W. Health expenditure risk and annuitization: evidence from medigap coverage [J]. Health, 2012, 8: 1-35.

[117] Samek A, Kapteyn A, Gray A. Using vignettes to improve understanding of Social Security and annuities [J]. Journal of Pension Economics & Finance, 2022, 21 (3): 326-343.

[118] Samuelson P A. Lifetime portfolio selection by dynamic stochastic programming [J]. The Review of Economics and Statistics, 1969, 51 (3):

239-246.

[119] Schreiber P, Weber M. Time inconsistent preferences and the annuitization decision [J]. Journal of Economic Behavior & Organization, 2016, 129: 37-55.

[120] Scott J S, Watson J G, Hu W Y. What makes a better annuity? [J]. Journal of Risk and Insurance, 2011, 78 (1): 213-244.

[121] Sharpe W F. Capital asset prices: A theory of market equilibrium under conditions of risk [J]. Journal of Finance, 1964 (19): 425-442.

[122] Shu S B, Zeithammer R, Payne J W. The pivotal role of fairness: Which consumers like annuities? [J]. Financial Planning Review, 2018, 1 (3-4): e1019.

[123] Sinclair S, Smetters K A. Health shocks and the demand for annuities [M]. Washington, DC: Congressional Budget Office, 2004.

[124] Song Z, Storesletten K, Zilibotti F. Growing like China [J]. American Economic Review, 2011, 101 (1): 196-233.

[125] Tang S, Purcal S, Zhang J. Life insurance and annuity demand under hyperbolic discounting [J]. Risks, 2018, 6 (2): 43.

[126] Townley P G C, Boadway R W. Social security and the failure of annuity markets [J]. Journal of Public Economics, 1988, 35 (1): 75-96.

[127] Turra C M, Mitchell O S. The impact of health status and out-of-pocket medical expenditures on annuity valuation [R]. Michigan Retirement Research Center Research Paper, 2004.

[128] Tversky A, Kahneman D. The framing of decisions and the psychology of choice [J]. Science, 1981, 211 (4481): 453-458.

[129] Vidal-Meliá C, Lejárraga-García A. Demand for life annuities from married couples with a bequest motive [J]. Journal of Pension Economics & Fi-

nance, 2006, 5 (2): 197-229.

[130] Williams C A. Higher interest rates, longer lifetimes, and the demand for life annuities [J]. The Journal of Risk and Insurance, 1986, 53 (1): 164-171.

[131] World Health Organization. Active ageing: A policy framework [R]. World Health Organization, 2002.

[132] Yaari M E. Uncertain lifetime, life insurance, and the theory of the consumer [J]. The Review of Economic Studies, 1965, 32 (2): 137-150.

[133] Yogo M. Portfolio choice in retirement: Health risk and the demand for annuities, housing, and risky assets [J]. Journal of Monetary Economics, 2016, 80: 17-34.

[134] 巴曙松，李羽翔．养老资产、社会资本与家庭财富积累 [J]. 山东大学学报（哲学社会科学版），2019（2）：146-156.

[135] 陈秉正，范宸．健康风险对中国老年人年金需求的影响分析 [J]. 保险研究，2020（9）：52-63.

[136] 陈卫．中国人口负增长与老龄化趋势预测 [J]. 社会科学辑刊，2022（5）：133-144.

[137] 陈泽，陈秉正．中国的年金谜题与养老金领取行为研究——基于企事业年金领取偏好的调查 [J]. 经济学报，2018，5（2）：94-116.

[138] 陈强．高级计量经济学及 Stata 应用（第二版）[M]. 北京：高等教育出版社，2014.

[139] 董克用．我国养老金体系的发展历程、现状与改革路径 [J]. 人民论坛·学术前沿，2018（22）：98-106.

[140] 董克用．养老金发展现状、挑战与趋势研判——以城镇职工基本养老保险制度为例 [J]. 人民论坛，2019（26）：92-94.

[141] 董克用，孙博，张栋．从养老金到养老金融：中国特色的概念

体系与逻辑框架［J］. 公共管理与政策评论，2021，10（6）：15-23.

［142］董克用，王振振，张栋 . 中国人口老龄化与养老体系建设［J］. 经济社会体制比较，2020（1）：53-64.

［143］董克用，张栋 . 中国养老金融：现实困境、国际经验与应对策略［J］. 行政管理改革，2017（8）：16-21.

［144］高瑗，原新 . 中国老年人口健康转移与医疗支出［J］. 人口研究，2020，44（2）：60-72.

［145］关国卉，詹家煊，王晓军 . 退休计划中整合消费、投资和年金的最优决策研究［J］. 数理统计与管理，2020，39（6）：1032-1044.

［146］郭金龙，李红梅 . 养老金融产品国际比较研究［J］. 价格理论与实践，2022（1）：61-67.

［147］郭振华 . 行为保险经济学［M］. 上海：上海交通大学出版社，2020.

［148］候丽红，张持晨，赵慧宁，陆姣，郑晓，邬惟为 . 空巢与非空巢老人健康期望寿命及影响因素研究［J］. 中国卫生统计，2019，36（4）：489-492+496.

［149］胡依，李贝 . 社会活动参与对流动老人健康的影响研究——基于倾向得分匹配的实证分析［J］. 现代预防医学，2020，47（24）：4488-4491.

［150］贾洪波 . 降低单位缴费率对城镇人口养老金替代率的一般均衡效应［J］. 数量经济技术经济研究，2021，38（11）：103-121.

［151］李志生，胡凯 . 多因素影响下的最优年金化时间决策［J］. 经济研究，2011，46（S1）：116-126.

［152］林宝 . 积极应对人口老龄化——内涵、举措和建议［M］. 北京：中国社会科学院出版社，2021.

［153］刘灿泳，罗娟 . 社会参与对农村老年人健康的影响研究［J］. 中

国卫生事业管理，2020，37（7）：529-531.

［154］刘广应，刘美尧，向静，等．前景理论与年金之谜——基于年金购买意愿判别准则视角［J］．南京审计大学学报，2020，17（4）：60-72.

［155］吕彦昭，白云．行为金融学［M］．北京：清华大学出版社，2019.

［156］秦云．商业年金消费决策的行为经济学分析［J］．保险研究，2019（7）：79-93.

［157］秦云，郑伟．年金谜题的成因及对策研究评述［J］．经济学动态，2017（5）：133-141.

［158］秦云，郑伟．人口结构、社会保险与居民商业年金需求［J］．保险研究，2018（1）：3-13.

［159］单戈，王晓军．养老资产年金化谜题：风险决策下的年金化价值比较［J］．统计与信息论坛，2018（6）：77-86.

［160］万晴瑶，卓志，成德义．中国城镇居民养老金年金化需求行为的影响因素分析［J］．保险研究，2014（10）：108-123.

［161］王晓军，单戈．养老资产年金化：基于消费、遗产和长寿保护的精算建模分析［J］．保险研究，2017（12）：3-14.

［162］王晓军，路倩．我国商业养老年金的供需困境探讨：基于年金价值和长寿风险的视角［J］．保险研究，2018（9）：13-21.

［163］王晓军，詹家煊．税延政策真能刺激养老保险市场需求吗？——基于累积前景理论的模拟分析［J］．保险研究，2019（7）：94-105.

［164］王增武，陈彬．家族生命周期资本负债表、家庭金融脆弱性与破产概率［J］．海南金融，2021（1）：14-21.

［165］邬沧萍，谢楠．关于中国人口老龄化的理论思考［J］．北京社会科学，2011（1）：4-8.

［166］徐舒，赵绍阳．养老金“双轨制”对城镇居民生命周期消费差距的影响［J］．经济研究，2013（1）：83-98.

［167］许伟，傅雄广．中国居民资产负债表估计：1978—2019 年［J］．国际经济评论，2022（4）：1-49.

［168］杨玲，宋靓珺．中国老年人口健康预期寿命差异的分解研究［J］．人口与经济，2022（1）：90-105.

［169］杨燕绥．实现中国养老金制度均衡与充分发展［J］．中国党政干部论坛，2019（12）：36-39.

［170］杨燕绥．中国共产党对国家养老金制度的探索与实践［J］．人民论坛·学术前沿，2021（19）：30-39.

［171］杨燕绥．中国老龄社会与养老保障发展报告（2013）［M］．北京：清华大学出版社，2014.

［172］杨燕绥．中国养老金运行中存在的问题及对策［J］．人民论坛，2017（5）：64-66.

［173］杨燕绥，妥宏武，杜天天．国家养老金体系及其体制机制建设［J］．河海大学学报（哲学社会科学版），2018，20（4）：30-37+91.

［174］袁微．二值选择模型内生性检验方法、步骤及 Stata 应用［J］．统计与决策，2018，34（6）：15-20.

［175］赵跃辉．个人养老金制度的意义和挑战［J］．新金融，2022（7）：12-18.

［176］郑爱文，蒋选．老年劳动供给研究进展［J］．经济学动态，2020（5）：101-116.

［177］郑秉文．第三支柱商业养老保险顶层设计：税收的作用及其深远意义［J］．中国人民大学学报，2016（1）：2-11.

［178］郑秉文．第三支柱商业养老保险顶层设计：税收的作用及其深远意义［J］．中国人民大学学报，2016，30（1）：2-11.

［179］郑秉文．改革开放 40 年：商业保险对我国多层次养老保障体系的贡献与展望［J］．保险研究，2018（12）：101-109.

［180］郑秉文．面向 2035 和 2050：从负债型向资产型养老金转变的意义与路径［J］．华中科技大学学报（社会科学版），2021，35（3）：20-37.

［181］周海珍，吴美芹．金融素养、个人养老准备与商业养老保险决策［J］．金融与经济，2020（3）：35-42.

［182］邹小芃，叶子涵，杨芊芊．养老计划倾向与商业养老保险需求——基于 CFPS 数据的实证研究［J］．浙江大学学报（人文社会科学版），2019，49（4）：55-70.